인공지능과 함께 쓴

AI 저널리즘

인공지능과 함께 쓴

AI 저널리즘

김창룡
서울과학종합대학원 석좌교수

이지출판

나는 왜 이 책을 출판하기로 결심했는가

나는 미디어 분야에서 일하는 교수다. 하지만 컴퓨터나 AI 전문가가 아니라는 점을 분명히 해 둔다. 그런데 AI전문대학원에서 생성 AI를 접하고 이를 다양하게 활용하면서 신천지를 만난 듯한 충격과 동시에 실망도 함께 경험했다.

오픈AI사의 챗GPT, 구글의 바드, 네이버의 클로바X 등 생성형 AI가 자료찾기, 자료분석, 요약, 정리, 확인 등 어렵고 방대한 작업을 순식간에 해내는 엄청난 능력은 놀랍기만 하다. 하지만 그 능력 뒤에 잘못된 정보, 단순한 사실을 뒤바꿔서 마치 사실처럼 전달할 때는 실망스러웠다. AI는 매우 요긴하게 활용할 수 있으나 전적으로 믿어서는 안 되고 전문가의 검증과 확인, 재확인이 반드시 필요하다는 것을 실감했다.

이 정도의 경험은 새로운 기술에서 늘 체험할 수 있다. 그런데도 관련 내용을 정리하여 책을 내기로 마음먹은 것은 다음과 같은 이유 때문이다.

첫째, 나는 생성 AI의 능력을 직접 시험해 보는 도전에 나서기로 했다. 생성 AI의 능력은 이미 여러 곳에서 입증되고 있으므로 글쓰기, 논문 작성, 보고서 작성, 책 출간 등이 얼마나 쉬운가를 확인해 보고 싶었다. 결국 AI 도움이 없었다면 이는 불가능하다고 본다. 이 책의 차례와 내용 정리, 분석 등을 챗GPT와 바드의 능력에 크게 의존했다.

둘째, 이미 시작된 생성 AI 시대가 미래에는 더욱 대중화·일상화될 것이기에 나의 전공 분야인 미디어에서 AI와 함께 논의, 예측, 대비해 보자는 이유에서다. AI 저널리즘은 놀라운 속도로 미디어의 발전을 가져올 것이며, 동시에 가짜뉴스 문제도 더욱 심각한 이슈가 될 전망이다.

이에 대한 윤리강령, 법제 강화 등도 미리 대비하는 것이 전문가의 영역이라고 생각한다. 저널리즘 실무자들, 규제의 대상과 범위를 고민하는 공무원들, 언론 관련 단체 등 토론과 협의가 필요한 사람들이 꼭 알아야 할 정보를 정리해 둘 필요가 있다고 판단했다.

셋째, 서울과학종합대학원(aSSIST, amazing Seoul School of Integrated Science and Technologies)에서 개설할 'AI저널리즘 최고경영자과정' 기초작업을 하기 위해서다.

생성 AI는 국내외 미디어에서 이미 뉴스 제작, 챗봇 등 여러 분야에서 다양한 형태로 활용되고 있다. 이는 시간이 지나면서 기술의 발전과 함께 더욱 상용화될 것이다. 그런데 새로운 기술은 새로운 효용성과 함께 새로운 문제를 동시에 안고 있는데, 이에 대한 대비가 너무나 부족하다.

우선 미디어가 AI를 활용하면서 자체적으로 AI 관련 윤리강령조차 만들지 않았다. 미디어는 법 이전에 자율규제를 최우선으로 한다. 그래서 책임 있는 미디어는 자율규제 차원에서 언론윤리강령을 만들고 이를 준수하기 위해 노력한다고 선언한다. 미국의 AP통신사를 비롯해 해외 언론에서 관련 윤리강령을 보완하는 데 비해 국내 언론은 잠잠하다.

특히 미디어 규제기관인 방송통신위원회, 방송통신심의위원회, 문화체육부 미디어분과, 과학기술부 등 정부 관련 부처에서 법 이전에 최소한의 가이드라인이라도 만들어야 하는데, 역시 이를 만들었다는 뉴스가 없다. 이미 AI 저널리즘은 현실이 되고 여기저기서 문제점이 드러나고 있는데, 이에 대한 경각심과 준비를 위해 필요하다고 생각했다.

그래서 주요 차례에 ▲ AI 저널리즘의 특징과 대응 전략 ▲ AI 활용 영역 ▲ AI 활용 가짜뉴스의 세계 ▲ AI 활용 법적·윤리적 문제 ▲ AI와 미디어의 다양성 ▲ AI와 언론의 미래 ▲ AI 기술과 미디어 산업 등 이슈가 될 만한 내용을 포함시켰다.

이 책은 생성 AI 도움이 없었다면 수개월이라는 짧은 시간에 이렇게 만들어 낼 수 없었을 것이다. 예전에 책을 한 권 내려고 몇 년씩 준비하던 일을 AI는 놀라울 정도의 속도로 척척 해 줬다.

나는 AI를 서로 비교, 대조하거나, 답변을 거부할 경우 질문 형식을 바꾸거나, 언어를 한글에서 영어로 바꾸거나, AI 답변이 이상하다고 판단될 경우 그 답변에 구체적인 문제 제기를 하며 반복 질문하는 식으로 최선의 답을 찾고자 했다. AI의 도움을 받았지만 이에 대한 책임은 나의 몫이다.

또한 생성 AI를 활용하기 위해 컴퓨터 전문가나 AI 전문가가 될 필요가 없다는 것을 보여 주고 싶었다. 다만 전적으로 믿어서는 안 되고 관련 전문가의 확인이 아직은 반드시 필요하기 때문에 나의 전공 분야에 한정해서 시도해 봤다는 점을 밝힌다.

원래 조금 알 때 겁이 없는 법이다. 더 많이 알게 되면 도전에 나서지 않을 것 같아 AI 저널리즘이라는 내 전공 영역에 한정하여 도전하기로 했다. 이를 토대로 앞으로 언론 관련 판례나 국민을 기만한 역사적 오보 사례 등에도 도전해 볼 계획이다.

놀라운 기술 혁신을 만들어 내는 엔지니어, 공학도들에게 무한한 존경의 마음을 보낸다. 나에게 새로운 AI 세계를 체험하게 해 주고 친절하게 지도해 주신 서울과학종합대학원대학교 AI 전문대학원장 김경성 교수님, AI 저널리즘 최고경영자과정 개설을 제의하고 용기를 주신 조동성 석좌교수님께 깊은 감사를 드린다.

2024년 새해에

서울과학종합대학원대학교 석좌교수 김창룡 박사가

생성 AI와 함께 정리하다.

■ 차례

인공지능과 함께 쓴

AI 저널리즘

제1장
AI 저널리즘

1. AI 시대 저널리즘의 변화

먼저 생성형 AI 시대 저널리즘이 어떻게 변화하고 있는지, 그 주요 특징에 대해 알아보자.

1) AI 상용화로 일반인도 쉽게 저널리스트가 될 수 있다.

첫째, 저널리스트의 업무 자동화 : AI는 저널리스트의 업무 중 많은 부분을 자동화할 수 있다. 예를 들어 AI는 기사 작성, 사진 및 영상 제작, 데이터 분석 등 다양한 업무를 수행할 수 있다. AI를 활용하면 일반인도 쉽게 기사를 작성하거나 영상을 제작할 수 있다.

둘째, AI를 활용한 데이터 분석 : AI는 방대한 양의 데이터를 분석해 핵심 내용을 도출하고, 이를 바탕으로 기사를 작성할 수 있다. 이를 토대로 다양한 뉴스 형식을 생성할 수 있으며, 챗봇과 같은 인터랙티브(interactive)한 뉴스를 생성할 수 있다. 예를 들어 AI는 지역별 뉴스 소비 트렌드를 분석하여 맞춤형 뉴스를 제공할 수 있다.

셋째, AI를 활용한 사진 및 영상 제작 : AI는 기존에는 불가능했던 새로운 사진 및 영상을 제작할 수 있다. 예를 들어 AI는 360도 사진 및 영상을 제작할 수 있다. 또한 다양한 편집 효과를 적용하여 사진 및 영상을 더욱 생동감 있게 만들 수 있다.

넷째, 맞춤형 정보 제공 : AI는 누구에게나 맞춤형 정보를 신속하게 제공하기 때문에 각자의 관심 분야에서 이를 활용하면 새로운 정보, 심층 정보, 새로운 뉴스 등을 만들어 낼 수 있다. 또한 유튜브, 카카오 등 다양한 플랫폼이 존재하므로 유통 수단도 걱정할 것 없다. 기존의 뉴스 기관, 언론인들과의 자연스런 경쟁체제를 형성하게 될 것이다.

2) 기자 개인의 생산성을 향상시킬 수 있다.

생성 AI를 잘 활용하면 기자 개인의 또 다른 유능한 동료 기자 한두 명의 도움을 받는 기분을 느끼게 된다. 그래서 기자의 경쟁력이 높아진다. 하지만 사전적으로 자기 점검이 필요하다.

첫째, 생성 AI 기술에 대한 이해와 활용 능력 갖추기 : 생성 AI에 대한 기술은 빠르게 발전하고 있으므로 기자는 생성 AI 기술에 대한 기초적인 이해와 다양한 활용 능력을 갖추어야 한다. 이를 위해 AI 관련 교육을 이수하거나, AI 전문서적을 읽는 등 지속적으로 노력해야 한다.

둘째, 생성 AI를 활용한 창의적인 보도 시도하기 : 생성 AI는 기존에는 불가능했던 새로운 보도 방식을 가능하게 하므로 기자는 생성 AI를 활용하여 기존과는 다른 방식으로 보도를 시도하고, 독자에게 새로운 경험을 제공해야 한다. 이를 위해 AI에게 묻고 또 다른 형식으로 물어 창의적인 답변을 끌어내는 것도 중요하다.

셋째, 생성 AI를 활용한 팩트 체크 강화하기 : 생성 AI는 가짜 뉴스를 생성하는 데도 사용될 수 있다. 기자는 생성 AI를 활용한 보도에 대해 팩트 체크를 강화해야 한다. 구글의 바드와 오픈AI의 챗GPT를 크로스 체크하거나 다양한 질문법으로 사실을 확인해야 한다. 사실 확인에 한계를 보이기도 하지만 논리적 구성이나 과도한 비약 등도 잡아내므로 의지만 있으면 뉴스의 완성도를 높일 수 있다.

넷째, 자신의 데스크로 활용하기 : 현장 기자든 칼럼니스트든 일단 글이 완성되면 생성 AI에게 입력하여 사실 관계, 논리적 비약이나 왜곡의 위험성 등을 체크할 수 있다. 물론 완벽하지 않고 때로는 거짓말도 하기 때문에 전적으로 믿어서도 안 된다. 그래서 복수의 AI나 검색툴에 확인하는 것이 중요한데, 다행히 신속하게 모든 것이 가능하여 한번 활용해 본 사람들은 만족하는 편이다. 이러한 노력을 통해 기자는 생성 AI를 활용하여 개인의 생산성을 향상시키고 경쟁력을 강화할 수 있다.

3) 새로운 형식의 콘텐츠를 창출할 수 있다.

생성 AI를 활용한 새로운 형식의 콘텐츠 창출은 세 가지 측면에서 가능하다.

첫째, 새로운 기술의 발전 : 생성 AI는 딥러닝, 자연어 처리, 컴퓨터 비전 등 다양한 기술의 발전이 가속화되고 있다. 이러한 기술 발전은 AI가 기존에는 불가능했던 새로운 형식의 콘텐츠를 창출할 수 있는 기반을 마련해 주었다.

둘째, 저렴한 비용과 높은 접근성 : AI 기술은 점점 더 저렴해지고, 접근성이 높아지고 있다. 이러한 변화는 AI를 활용한 새로운 형식의 콘텐츠를 보다 쉽게 개발하고 제작할 수 있게 해 준다.

셋째. 독자들의 요구 변화 : 독자들은 기존의 뉴스 콘텐츠에 대한 만족도가 점점 낮아지고 있다. 따라서 보다 입체적이고 몰입감 있는 뉴스 콘텐츠를 요구한다. 이러한 변화는 AI를 활용한 새로운 형식의 콘텐츠 창출을 더욱 가속화할 것으로 예상된다.

구체적으로 예를 들어 설명하겠다.

AI는 가상현실(VR) 및 증강현실(AR) 기술을 사용해 독자에게 새로운 경험을 제공할 수 있다. 예를 들어 AI는 가상현실을 사용해 독자가 사건 현장을 직접 체험할 수 있게 하고, 증강현실을 사용해 독자가 뉴스 기사 내용을 보다 생생하게 이해할 수 있도록 할 수 있다.

또 AI는 대화형 기술을 사용해 독자와 보다 상호작용하는 콘텐츠를 제공할 수 있다. 예를 들어 AI는 챗봇을 통해 독자의 질문에 답하거나 독자와 대화를 나눌 수 있고, AI는 게임을 통해 독자들에게 재미와 정보를 동시에 제공할 수 있다.

그리고 AI는 인공지능(AI) 인터뷰를 통해 독자들에게 보다 생생한 정보를 제공할 수 있다. AI는 유명인이나 전문가와 인터뷰를 진행하고, 이를 뉴스 콘텐츠로 제작할 수 있다. 또한 독자들의 질문에 답하는 방식으로 인터뷰를 진행할 수 있다.

KBS, MBC 등 주요 방송사와 연합뉴스 등 주요 언론사에서 다양한 형태로 AI 활용 뉴스 콘텐츠를 이미 생산하고 있다. KBS는 AI를 활용하여 가상현실(VR) 뉴스를 제작하고, MBC는 대화형 뉴스를 제작하고 있으며, 연합뉴스는 인공지능(AI) 인터뷰를 진행하고 있다.

이러한 AI 활용 뉴스 콘텐츠는 기존의 뉴스 콘텐츠와는 차별화된 경험을 제공하며, 독자들의 관심을 끌고 있다. 앞으로도 AI 기술의 발전과 함께 AI 활용 뉴스 콘텐츠의 종류와 수준은 더욱 다양해질 것이다.

또한 AI는 기존의 뉴스 콘텐츠에 텍스트, 이미지, 영상, 음성 등 다양한 콘텐츠를 결합하여 입체적인 뉴스 콘텐츠를 제공하고 있다. 즉 텍스트 기사에 이미지와 영상을 결합하여 독자들이 사건 현장을 보다 생생하게 이해할 수 있게 한다. 그리고 뉴스 기사에 음성을 결합하여 독자들이 뉴스를 보다 몰입감 있게 경험할 수 있게 해 준다.

뿐만 아니라 AI는 독자들의 피드백을 신속하게 수집하고 분석하여 뉴스 콘텐츠를 개선할 수 있다. 또한 독자들의 뉴스 불만을 빠르게 처리하여 만족도를 높일 수 있다.

4) 개인화된 정보를 제공할 수 있다.

생성형 AI는 개인의 관심사와 취향에 맞는 정보를 제공할 수 있다. 즉 사용자의 검색 기록과 행동 패턴을 분석, 맞춤형 기사를 추천해 준다. 이를 토대로 일부 언론사에서는 연령별 혹은 취향별 뉴스를 재가공하여 맞춤형으로 제공하고 있으며, 이는 앞으로 더욱 전문화될 것이다.

생성형 AI를 활용한 개인화된 정보 제공은 이런 방식으로 이루어지고 있다.

첫째, 개인의 검색 기록 및 행동 패턴 분석 : AI는 사용자의 검색 기록 및 행동 패턴을 분석해 개인의 관심사와 취향을 파악할 수 있다. 이를 통해 사용자에게 관심사와 취향에 맞는 정보를 제공해 준다.

둘째, 데이터 마이닝[1] 및 머신 러닝[2] 기술 활용 : AI는 데이터 마이닝 및 머신 러닝 기술을 활용하여 사용자의 관심사와 취향을 예측하고 사용자에게 맞춤형 정보를 제공해 준다.

---

1 데이터 마이닝(data mining)은 산더미같이 많은 빅데이터 안에서 유용하고 가치 있는 정보를 채굴, 확보하는 작업을 말한다.

2 머신 러닝(machine learning)은 컴퓨터를 인간처럼 학습시킴으로써 컴퓨터가 새로운 규칙을 생성할 수 있지 않을까 하는 시도에서 시작됐다. 컴퓨터가 스스로 학습할 수 있도록 도와주는 알고리즘이나 기술을 개발하는 것을 말한다. 머신 러닝이란 알고리즘을 이용하여 데이터를 분석하고 분석 결과를 스스로 학습한 후 이를 기반으로 어떤 판단이나 예측을 하는 것을 말한다. 머신 러닝에서 양질의 데이터를 많이 보유할수록 보다 높은 성능을 이끌어 낼 수 있다. 이런 양질의 데이터를 얻기 위해 데이터 분석 과정에서 데이터 정제 과정을 거친다.

셋째, 대화형 AI 활용 : AI는 대화형 AI를 활용하여 사용자와의 대화를 통해 개인의 관심사와 취향을 파악하고 사용자에게 더욱 정교한 맞춤형 정보를 제공해 준다.

이를 좀 더 자세하게 살펴보면,

첫째, 연령별 혹은 취향별 뉴스 재가공 : AI를 활용하여 연령별 혹은 취향별로 뉴스를 재가공하여 맞춤형으로 제공해 준다. AI는 청소년을 위한 뉴스, 스포츠팬을 위한 뉴스, IT업계 종사자를 위한 뉴스 등을 재가공하여 제공한다.

둘째, 사용자의 관심사와 취향에 맞는 기사 추천 : AI를 활용하여 사용자의 관심사와 취향에 맞는 기사를 추천해 준다. AI는 사용자의 검색 기록을 분석하여 관련 기사를 추천하며, 사용자의 행동 패턴을 분석하여 관심 분야 기사를 추천해 준다.

셋째, 사용자의 질문에 대한 맞춤형 답변 : AI를 활용하여 사용자의 질문에 대한 맞춤형 답변을 제공한다. AI는 사용자의 관심 분야에 대한 질문에 답변을 제공하고, 사용자의 개인 상황에 맞는 답변을 제공해 준다.

이러한 개인화된 정보 제공은 사용자에게 보다 유익하고 만족스러운 정보를 제공할 수 있다. 또한 사용자의 관심사와 취향에 따라 정보를 제공함으로써 사용자의 참여와 몰입도를 높일 수 있다. 그러나 이러한 개인화된 정보 제공은 정치적 편향성의 심화, 개인 정보 유출 및 악용 등의 위험성도 있다.

5) 저널리즘의 대중화·민주화가 가능해졌다.

과거 저널리즘이 일부 주요 방송사, 신문사가 주도해 오던 시대가 끝나가고 있다. 생성형 AI로 '누구나 저널리스트가 될 수 있다'는 말은 저널리즘의 대중화·민주화의 가능성이 높아졌다는 것이다. 정보 독점 시대가 끝났듯이 정보의 분석과 예측, 심층 뉴스까지 AI는 신속하게 분석해 도움을 주고 있다. 따라서 생성형 AI는 저널리즘의 민주화 가능성을 제시하고 있다.

첫째, 저널리즘의 대중화 : 생성형 AI는 누구나 저널리스트가 될 수 있는 가능성을 열어 놓았다. AI를 활용하면 누구나 쉽게 기사를 작성하고 영상을 제작할 수 있다. 이러한 변화는 저널리즘의 대중화를 가져올 것으로 본다.

둘째, 정보의 접근성 확대 : 생성형 AI는 정보의 접근성을 확대해 방대한 양의 정보를 빠르고 쉽게 분석할 수 있다. 이러한 변화는 대중의 정보 접근성을 확대해 나갈 수 있다.

셋째, 저널리즘의 다양성 증진 : 생성형 AI는 저널리즘의 다양성을 증진하여 다양한 관점에서 정보를 제공할 수 있다. 이러한 변화는 대중의 뉴스 소비 선택권을 확대해 나갈 수 있다.

넷째, 다양한 관점의 정보 제공 : 생성형 AI를 활용하면 다양한 관점에서 정보를 제공할 수 있다. 예를 들어 특정 이슈에 대한 다양한 의견을 수집하고, 이를 뉴스 콘텐츠로 제작할 수 있다. 또한 AI를 활용하여 다양한 분야의 전문가의 의견을 제공할 수 있다.

이러한 변화는 기존의 언론이 주도했던 저널리즘의 시대가 끝나가고 있음을 의미한다. 누구나 저널리스트가 될 수 있는 시대가 도래하고, 정보의 접근성과 다양성이 확대되면서 저널리즘의 대중화·민주화가 더욱 가속화될 것으로 본다. 그러나 이러한 변화는 다음과 같은 문제점을 야기할 수 있다.

생성형 AI는 가짜뉴스와 편향된 보도의 확산을 가속화할 수 있다. AI를 활용하여 사실과 구별하기 어려운 가짜뉴스나 편향된 보도를 제작할 수 있기 때문이다.
또, 생성형 AI를 활용한 저널리즘은 기존의 저널리즘과 비교해 품질이 떨어질 수 있다. AI를 활용하면 빠르게 정보를 제공할 수 있지만, 정확성과 신뢰성은 떨어질 수 있기 때문이다.

이러한 문제점을 해결하려면 다음과 같은 노력이 필요하다.

첫째, AI를 활용한 저널리즘에 대한 윤리적 기준 마련 : AI를 활용한 저널리즘에 대한 윤리적 기준을 마련하고 이를 준수하기 위한 노력이 필요하다. 이러한 기준에는 사실성, 공정성, 중립성 등이 포함된다.

둘째, 팩트 체크 기술의 발전 : 팩트 체크 기술의 발전을 통해 AI를 활용한 가짜뉴스와 편향된 보도를 식별하고 대응할 수 있는 능력을 강화해야 한다.

셋째, 저널리즘 교육의 강화 : AI를 활용한 저널리즘의 발전에 대응하려면 저널리즘 교육을 강화해야 한다. 이러한 교육은 AI를 활용한 저널리즘의 윤리적 기준과 기술을 이해하고, 이를 활용할 수 있는 능력을 배양하는 데 도움이 될 것이다.

6) 윤리적 문제가 야기될 수 있다.

생성형 AI가 가짜뉴스 및 편향된 보도와 같은 윤리적 문제를 야기할 수 있는 이유는 다음과 같다.

첫째, 생성형 AI의 사실적 정확성 논란 : 생성형 AI는 방대한 양의 데이터를 학습하여 실제와 유사한 정보를 생성헤 낸다.

이러한 정보는 사실과 구별하기가 어려워 가짜뉴스나 편향된 보도를 유포하는 데 악용될 수 있다.

둘째, 생성형 AI의 놀라운 확산 속도 : 생성형 AI는 기존의 뉴스 제작 방식에 비해 훨씬 빠르고 효율적으로 뉴스를 제작할 수 있다. 이러한 속도는 가짜뉴스나 편향된 보도를 빠르게 유포하고 확산시키는 데 악용될 수 있다.

셋째, 생성형 AI의 접근성 : 생성형 AI는 점점 더 저렴해지고 접근성이 높아지고 있다. 이러한 변화는 누구나 가짜뉴스나 편향된 보도를 제작하고 유포할 수 있는 가능성을 높여 준다. 예를 들어 특정 정치인의 허위 비리를 보도하거나 특정 기업의 제품에 대한 허위 정보를 유포할 수 있다.

넷째, 편향된 보도 양산 : AI를 활용하여 특정 이념이나 입장에 대한 편향된 보도를 제작할 수 있다. 예를 들어 특정 정당을 지지하는 보도나 특정 종교를 비방하는 보도를 제작할 수 있다.

이러한 가짜뉴스 및 편향된 보도는 사회에 혼란과 위기를 초래할 수 있다. 즉 특정 정치인의 허위 비리를 보도해 선거 결과에 영향을 미치거나, 특정 기업 제품에 대한 허위 정보를 유포하여 소비자 피해를 발생시킬 수 있다. 또한 특정 이념이나 입장을 편향 보도하여 사회 갈등을 조장할 수 있다.

따라서 AI를 활용한 뉴스 보도에 대한 윤리적 기준을 마련하고, 이를 준수해야 한다. 또한 팩트 체크 기술의 발전과 함께 가짜뉴스 및 편향된 보도를 식별하고 대응할 수 있는 능력을 강화해야 한다.

그럼에도 생성형 AI의 가장 큰 위험은 팩트 체크 기술을 능가하여 대중을 감쪽같이 속일 수 있다는 점이다. 기존의 가짜뉴스도 사실과 구별하기 쉽지 않지만, AI를 활용한 가짜뉴스는 구별하기가 더 어렵다. 이는 대중의 판단력을 무너뜨리고 사회에 혼란을 초래할 수 있다.

이러한 위험을 방지하기 위해 AI를 활용한 뉴스 보도에 대한 윤리적 기준을 마련하고, 이를 준수하기 위한 노력이 필요하다. 또한 팩트 체크 기술의 발전을 통해 AI를 활용한 가짜뉴스를 식별하고 대응할 수 있는 능력을 강화해야 한다. 이를 위해 인공지능, 자연어 처리, 컴퓨터 비전 등 다양한 기술의 발전이 필요하다.

7) 저작권 등 법적 문제가 심화될 수 있다.

AI는 방대한 데이터를 사용하므로 이에 대한 법적 분쟁이 불가피해 보인다. 관련된 법적 이슈를 살펴보자.

첫째, 저작권 침해 : AI를 활용한 창작물의 경우, 창작자의 창작성이 인정되는 경우에 저작권법 보호를 받을 수 있다. 그러나 AI가 스스로 창작한 창작물인지, 아니면 인간의 창작물을 모방한 것인지를 구분하기 어려울 수 있다. 또한 AI를 이용해 기존 창작물을 무단 복제하거나 전송하는 경우에도 저작권 침해 문제가 발생할 수 있다.

둘째, 개인 정보 침해 : AI를 활용한 개인 정보 수집 및 분석은 개인 정보 침해를 초래할 수 있다. 예를 들어 개인의 행동 패턴을 분석하거나 개인의 신상 정보를 수집하는 경우 개인 정보 침해 문제가 발생할 수 있다. 개인의 초상권이나 성명권 등도 무단으로 사용할 위험성이 높아 개인 정보 보호가 사회적 주요 이슈가 될 것이다.

이러한 법적 분쟁과 책임 문제를 해결하기 위해서는 AI 기술 발전에 맞는 법률 개정과 보완이 필요하다. 또한 AI의 윤리적 사용에 대한 사회적 합의와 공감대의 형성도 중요하다.

미래의 AI 법적 분쟁과 책임 문제는 다음 세 가지 측면에서 더욱 심화될 것으로 예상된다.

첫째, AI 기술 발전 속도 : AI 기술 발전 속도는 매우 빠르기 때문에 법률 개정과 보완이 기술 발전을 따라잡지 못할 수 있다.

둘째, AI 적용 범위 확대 : AI는 다양한 분야에서 활용되고 있고, 앞으로 더욱 광범위한 분야로 적용 범위가 확대될 것으로 예상된다. 이에 따라 AI와 관련된 법적 분쟁과 책임 문제도 더욱 복잡해질 것이다.

셋째, AI의 잠재적 위험성 : AI는 인간의 능력을 뛰어넘는 잠재적 위험성을 가지고 있다. 이러한 위험성이 현실화될 경우 이에 대한 법적 대응이 필요할 것이다. 따라서 AI 발전으로 발생할 수 있는 법적 분쟁과 책임 문제에 대한 사전 준비와 대응이 중요하다. 이를 위해 AI 기술의 발전과 법률의 발전을 면밀히 모니터링하고, AI의 윤리적 사용을 위한 노력이 필요하다.

2. AI 저널리즘의 개념과 특징

1) AI 저널리즘의 개념

AI 저널리즘은 인공지능 기술을 활용하여 뉴스를 생산, 유통, 소비하는 행위를 말하며, 다음 세 가지 영역으로 구분할 수 있다.

- 생산 : AI를 활용하여 뉴스 콘텐츠를 생산하는 영역으로 기사를 작성하거나 영상을 제작하거나 뉴스를 번역할 수 있다.

- 유통 : AI를 활용하여 뉴스 콘텐츠를 유통하는 영역으로 뉴
  스 콘텐츠를 추천하거나 뉴스 콘텐츠를 분석하여 통계를
  생성할 수 있다.
- 소비 : AI를 활용하여 뉴스 콘텐츠를 소비하는 영역으로 뉴
  스 콘텐츠를 이해하거나 뉴스 콘텐츠에 대한 개인화된 피
  드백을 제공할 수 있다.

2) AI 저널리즘의 특징

AI 저널리즘은 기존의 저널리즘과 비교하여 다음과 같은 특
징을 가지고 있다.

첫째, 자동화 : AI는 데이터를 분석하고, 기사를 작성하고, 영
상을 제작하는 등의 과정을 자동화할 수 있다. 이러한 자동화는
저널리즘의 생산성을 향상시키고 새로운 뉴스 콘텐츠의 창출을
가능하게 한다.

둘째, 개인화 : AI는 사용자의 관심사와 취향에 맞는 정보를
제공할 수 있다. 이러한 개인화는 사용자에게 보다 유익하고 만
족스러운 뉴스 경험을 제공할 수 있다.

셋째, 확장성 : AI는 방대한 양의 정보를 빠르게 처리할 수 있
다. 이러한 확장성은 뉴스 콘텐츠의 다양성과 풍부함을 증가

시킬 수 있다.

3) 기대 효과

AI 저널리즘은 다음과 같은 기대 효과를 가지고 있다.

첫째, 저널리즘의 생산성 향상 : AI를 활용하여 저널리즘의 생산성을 향상시킬 수 있다. 이는 저널리즘의 양적 확대와 질적 향상을 가능하게 할 수 있다.

둘째, 뉴스 콘텐츠의 다양성 및 풍부함 증가 : AI를 활용하여 뉴스 콘텐츠의 다양성 및 풍부함을 증가시킬 수 있다. 이는 사용자의 뉴스 수요를 충족시키고, 뉴스 콘텐츠의 혁신을 가능하게 할 수 있다.

셋째, 뉴스 콘텐츠의 개인화 : AI를 활용하여 뉴스 콘텐츠를 개인화할 수 있다. 이는 사용자에게 보다 유익하고 만족스러운 뉴스 경험을 제공할 수 있다.

넷째, 데이터 기반 : AI는 방대한 양의 데이터를 분석하여 뉴스를 제작, 유통, 소비한다. 이는 뉴스의 정확성과 신뢰성을 높일 수 있는 가능성을 열어 준다.

AI 저널리즘은 아직 초기 단계에 있지만 다양한 분야에서 빠르게 발전하고 있다. 앞으로 AI 저널리즘은 저널리즘의 패러다임을 바꿀 수 있는 잠재력을 가지고 있다.

3. AI 저널리즘의 발전 동향

최근 들어 급속하게 발전하고 있는 AI 저널리즘은 다음 세 가지 주요 동향을 통해 이루어지고 있다.

첫째, AI 기술의 발전 : 자연어 처리, 컴퓨터 비전, 머신 러닝 등의 AI 기술이 발전함에 따라 AI 저널리즘의 가능성은 더욱 확대되고 있다. 예를 들어 자연어 처리 기술의 발전으로 AI가 기사를 작성하거나 영상을 제작하는 것이 가능해졌다. 또한 컴퓨터 비전 기술의 발전으로 AI가 이미지와 영상 정보를 분석하여 뉴스를 생산하는 것이 가능해졌고, 머신 러닝 기술의 발전으로 AI가 사용자의 관심사와 취향을 파악해 맞춤형 뉴스를 제공하는 것이 가능해졌다.

둘째, 언론사의 AI 저널리즘 도입 : 언론사들은 AI 저널리즘의 잠재력을 인식하고, AI를 활용한 뉴스 콘텐츠 생산과 유통에 적극적으로 나서고 있다. 예를 들어 CNN은 AI를 활용하여 실시간으로 뉴스를 분석하고, 이를 시각화하여 서비스를 제공하고 있다. 또한 BBC는 AI를 활용하여 사용자의 관심사와 취향에 맞는 뉴스를 추천하는 서비스를 제공하고 있다.

셋째, 스타트업의 AI 저널리즘 기술 개발 : 스타트업들은 AI 저널리즘 기술을 개발하여 새로운 뉴스 콘텐츠를 창출하고 있다. 예를 들어 Narrative Science[3]는 AI를 활용하여 사실적인

---

3 Narrative Science는 2010년에 설립된 미국의 인공지능(AI) 회사로, 데이터를 기반으로 한 이야기를 생성하는 AI 플랫폼을 개발하고 있다. Narrative Science 플랫폼을 사용하면 데이터를 분석하고, 이를 기반으로 흥미롭고 유익한 이야기를 생성할 수 있다.
Narrative Science 플랫폼은 다양한 산업에서 사용되고 있다. 금융, 의료, 스포츠, 비즈니스 등 다양한 분야에서 데이터를 기반으로 한 이야기를 생성하기 위해 Narrative Science 플랫폼을 사용하고 있다.
Narrative Science의 대표적인 제품은 Quill, QuickRead, StoryStream 등이 있다. Quill은 데이터를 기반으로 한 개인화된 뉴스레터를 생성하는 플랫폼이다. QuickRead는 데이터를 기반으로 한 짧은 기사를 생성하는 플랫폼이고, StoryStream은 데이터를 기반으로 한 시각적 이야기를 생성하는 플랫폼이다.
Narrative Science는 AI 기술을 사용하여 데이터를 기반으로 한 이야기를 생성하는 새로운 시장을 개척하고 있다. Narrative Science 플랫폼은 데이터를 이해하고, 이를 기반으로 흥미롭고 유익한 이야기를 생성하는 데 도움이 될 수 있다.

Narrative Science의 주요 고객은 다음과 같다.
금융 : Goldman Sachs, JP Morgan Chase, Morgan Stanley
의료 : Pfizer, Novartis, Merck
스포츠 : ESPN, Major League Baseball, National Basketball Association

기사를 작성하는 서비스를 제공하고 있다. 또한 Dataminr[4]는
AI를 활용하여 실시간으로 뉴스를 분석하고, 이를 기업 고객

비즈니스 : The Wall Street Journal, The New York Times, The Washington
Post

Narrative Science는 2022년 기준으로 약 200명의 직원을 보유하고 있으며, 본
사는 미국 일리노이주 시카고에 있다.

4 Dataminr는 2012년에 설립된 미국의 인공지능(AI) 회사로, 실시간 수집되는 대
규모 데이터를 분석하여 잠재적인 위험을 식별하고, 이를 고객에게 알리는 AI 플
랫폼을 개발하고 있다. Dataminr 플랫폼은 금융, 제조, 소매, 에너지 등 다양한
분야에서 잠재적인 위험을 식별하기 위해 사용하고 있다.

Dataminr의 플랫폼은 다음과 같은 기능을 제공한다.
실시간 데이터 수집 : Dataminr는 다양한 소스에서 실시간으로 데이터를 수집
한다. 이 데이터에는 뉴스 기사, 소셜 미디어, 인터넷 검색, 위성 이미지 등이
포함된다.
데이터 분석 : Dataminr는 수집된 데이터를 분석하여 잠재적 위험을 식별한다.
이 분석에는 자연어 처리(NLP), 기계 학습(ML), 컴퓨터 비전(CV) 등의 기술이
사용된다.
위험 경고 : Dataminr는 잠재적 위험을 식별하면 고객에게 알린다. 이 알림은
이메일, SMS, 푸시 알림 등의 방식으로 전송된다.

Dataminr의 주요 고객은 다음과 같다.
금융 : Goldman Sachs, JP Morgan Chase, Morgan Stanley
제조 : General Electric, Siemens, Honeywell
소매 : Walmart, Amazon, Target
에너지 : Exxon Mobil, Chevron, ConocoPhillips

Dataminr는 2022년 기준으로 약 1,000명의 직원을 보유하고 있으며, 본사는
미국 캘리포니아주 샌프란시스코에 있다.

에게 서비스를 제공한다.

이러한 발전 동향에 따라 AI 저널리즘은 저널리즘의 패러다임을 변화시킬 잠재력을 가지고 있다. AI 저널리즘이 성공적으로 발전하기 위해서는 편향성, 윤리적 문제, 기술적 한계와 같은 도전과제를 해결하기 위한 노력이 필요하다.

AI 저널리즘의 발전 동향을 보다 구체적으로 설명해 보겠다.

1) AI 기술의 발전

- 자연어 처리 기술의 발전 : AI가 기사를 작성하거나 영상을 제작하는 것이 가능해졌다. 예를 들어 구글 AI의 GPT-3 모델 후속작으로 오픈AI사는 2024년 GPT-5를 출시했다. 용량도 커지고 용도도 다양화보다 정교해졌다. 시, 음악 등 다양한 장르를 창작하고 긴 텍스트도 요약할 수 있고 다양한 언어로 번역도 가능하며, 질문에 보다 포괄적이고 다양한 답변이 가능해졌다.

- 컴퓨터 비전 기술의 발전 : AI가 이미지와 영상 정보를 분석하여 뉴스를 생산하는 것이 가능해졌다. 예를 들어 구글의 AI Visual Storytelling은 이미지와 영상 정보를 분석하여 뉴스를 생성하는 서비스를 제공한다. 또한 IBM의 Watson Visual Insights는 이미지와 영상 정보를 분석하여 뉴스의 인사이트를 제공하는 서비스를 하고 있다.

- 머신 러닝 기술의 발전 : AI가 사용자의 관심사와 취향에 맞는 뉴스를 제공하는 것이 가능해졌다. 예를 들어 페이스북의 News Feed는 사용자의 관심사와 취향에 맞는 뉴스를 추천하는 기능을 제공한다. 또한 구글의 Discover[5]는 사용자의 관심사와 취향에 맞는 뉴스를 제공하는 기능을 제공한다.

2) 언론사의 AI 저널리즘 도입

- CNN : 실시간으로 뉴스를 분석하고 이를 시각화하여 제공하는 서비스를 하고 있다.
- BBC : 사용자의 관심사와 취향에 맞는 뉴스를 추천하는 서비스를 제공하고 있다.
- 뉴욕타임스 : AI를 활용하여 뉴스 콘텐츠의 정확성을 검증하는 서비스를 제공하고 있다.

---

5 구글의 Discover는 구글에서 제공하는 개인화된 피드다. 구글은 사용자의 검색 기록, 방문한 웹사이트, 기기 사용 패턴 등의 데이터를 수집하고, 이를 기반으로 사용자의 관심사를 분석하여 사용자에게 맞춤형 콘텐츠를 추천할 수 있다.

구글의 Discover는 다음과 같은 기능을 제공한다.
개인화된 콘텐츠 : Discover는 사용자의 관심사에 맞는 콘텐츠를 추천한다.
새로운 콘텐츠 발견 : Discover는 사용자가 알지 못했던 새로운 콘텐츠를 추천한다.
간편한 접근성 : Discover는 구글 앱, Chrome, YouTube, Gmail 등 다양한 구글 제품에서 사용할 수 있다.

3) 스타트업의 AI 저널리즘 기술 개발

- Narrative Science : AI를 활용하여 사실적인 기사를 작성하는 서비스를 제공하고 있다.
- Dataminr : AI를 활용하여 실시간으로 뉴스를 분석하고, 이를 기업 고객에게 제공하는 서비스를 제공하고 있다.
- Hugging Face[6] : AI 모델을 개발하고, 이를 공개적으로 제공하는 오픈 소스 프로젝트를 운영하고 있다.

이러한 발전 동향에 따라 AI 저널리즘은 저널리즘의 패러다임

---

6 Hugging Face는 2017년에 설립된 프랑스의 인공지능(AI) 회사로, NLP 분야에서 사용되는 오픈 소스 도구와 라이브러리를 개발하고 있다. Hugging Face의 제품은 다양한 분야에서 사용되며, NLP 분야의 발전에 기여하고 있다.

Hugging Face의 대표적인 제품은 다음과 같다.
Transformers : NLP 분야에서 가장 인기 있는 모델 중 하나다. Hugging Face는 Transformer를 기반으로 한 다양한 모델을 개발하고 있다.
Datasets : NLP 분야에서 사용되는 다양한 데이터 세트를 제공한다. 이 데이터 세트는 모델을 학습시키는 데 사용된다.
Hub : Hub는 Hugging Face의 제품과 서비스를 한곳에서 관리할 수 있는 플랫폼이다.

Hugging Face의 제품은 다음과 같은 분야에 활용할 수 있다.
번역 : Hugging Face의 제품은 기계 번역을 개선하는 데 사용할 수 있다.
질의응답 : Hugging Face의 제품은 질의응답 시스템을 개선하는 데 사용할 수 있다.
챗봇 : Hugging Face의 제품은 챗봇을 개선하는 데 사용할 수 있다.
자연어 생성 : Hugging Face의 제품은 자연어를 생성하는 데 사용할 수 있다.

을 변화시킬 잠재력을 가지고 있다. AI 저널리즘이 성공적으로 발전하기 위해서는 편향성, 윤리적 문제, 기술적 한계와 같은 도전과제를 해결하기 위한 노력이 필요하다.

4. AI 저널리즘의 파급 영향

1) 정치 분야

AI 저널리즘은 정치 분야에 다음과 같은 영향을 미칠 수 있다.

첫째, 선거 정보의 투명성 향상 : AI를 활용하여 선거 후보자의 정책과 공약을 분석하고, 이를 시각화하여 제공할 수 있다. 이는 선거 정보의 투명성을 향상시키고, 유권자의 올바른 판단을 도울 수 있다.

둘째, 공직자 감시 강화 : AI를 활용하여 공직자의 부패나 비리를 감시할 수 있다. 이는 공직자의 책임성을 강화하고, 사회의 투명성을 제고할 수 있다.[7]

셋째, 민주주의의 강화 : AI 저널리즘은 언론의 자유와 독립을 강화하고, 민주주의를 활성화하는 데 기여할 수 있다.

2) 경제 분야

AI 저널리즘은 경제 분야에 다음과 같은 영향을 미칠 수 있다.

첫째, 금융 정보의 정확성 향상 : AI를 활용하여 금융 정보를 분석하고 이를 예측할 수 있다. 이는 금융 투자의 위험을 줄이고 투자자의 수익을 증대할 수 있다.

둘째, 소비자 정보의 편리성 향상 : AI를 활용하여 소비자의 소비 패턴을 분석하고 맞춤형 정보를 제공할 수 있다. 이는 소비자의 구매 결정을 도와 주고 기업의 마케팅 효과를 높일 수 있다.

셋째, 시장의 효율성 향상 : AI 저널리즘은 시장의 정보 비대칭을 해소하고, 시장의 효율성을 향상시키는 데 기여할 수 있다.

---

7 AI를 활용하여 공직자의 부패나 비리를 감시할 수 있는 방법은 다음과 같다.
  빅데이터 분석 : 공직자들의 재산, 출입국, 출장, 계약 등 다양한 정보를 수집하고, 이를 분석하여 부패나 비리의 징후를 발견할 수 있다.
  자연어 처리 : 공직자들의 의회 발언, 언론 인터뷰, SNS 게시물 등을 분석하여 부패나 비리의 정황을 파악할 수 있다.
  컴퓨터 비전 : 공직자들의 행동을 분석하여 부패나 비리의 증거를 발견할 수 있다. 예를 들어 공직자의 재산이 급격하게 증가하거나, 출장 목적이 불분명하거나, 계약이 특혜성인 경우 등을 빅데이터 분석을 통해 발견할 수 있다. 또한 공직자가 부패나 비리에 연루된 정황을 담은 의회 발언이나 언론 인터뷰 등을 자연어 처리를 통해 파악할 수 있다. 그리고 공직자가 부패나 비리에 연루된 증거를 컴퓨터 비전을 통해 발견할 수 있다.

3) 사회 분야

AI 저널리즘은 사회 분야에 다음과 같은 영향을 미칠 수 있다.

첫째, 사회 문제의 해결 : AI를 활용하여 사회 문제를 분석하고 해결책을 모색할 수 있다. 이는 사회 문제의 해결을 촉진하고 사회 발전에 기여할 수 있다.

둘째, 문화의 다양성 증진 : AI를 활용하여 다양한 문화를 소개하고 문화의 다양성을 증진할 수 있다. 이는 사회의 이해와 공감을 높이는 데 기여할 수 있다.

셋째, 교육의 질 향상 : AI를 활용하여 교육 콘텐츠를 제작하고 맞춤형 교육을 제공할 수 있다. 이는 교육의 질을 향상시키고 교육의 기회를 확대할 수 있다.

4) 연예, 스포츠 분야

먼저 연예 분야에 다음과 같은 영향을 미칠 수 있다.

첫째, 연예인 정보의 다양성 및 풍부함 증가 : AI를 활용하여 방대한 양의 연예인 정보를 빠르게 처리하고 새로운 정보를 창출할 수 있다. AI를 활용하여 연예인의 과거 활동을 분석하여 새로운 정보를 창출할 수 있으며, 이를 통해 연예인의 과거를 재조명하거나 새로운 이야기를 만들어 낼 수 있다.

둘째, 연예인 팬덤의 증가 : AI를 활용하여 연예인 팬덤을 분석하고 맞춤형 정보를 제공해 연예인 팬덤의 증가를 촉진할 수 있다. AI를 활용하여 연예인의 소셜 미디어 게시물을 분석하여 팬덤의 관심사를 파악할 수 있으며, 이를 통해 연예인의 활동에 대한 맞춤형 정보를 제공할 수 있다.

셋째, 연예계의 투명성 향상 : AI를 활용하여 연예계의 부패나 비리를 감시할 수 있다. 이는 연예계의 투명성을 향상시키고 연예인의 윤리성을 제고할 수 있다.

스포츠 분야에도 다음과 같은 영향을 미칠 수 있다.

첫째, 스포츠 경기의 분석 및 예측 : AI를 활용하여 스포츠 경기를 분석하고 이를 예측할 수 있다. 이는 스포츠 경기의 이해와 즐거움을 높이고, 스포츠 투자의 효율성을 높일 수 있다.

둘째, 스포츠 팬덤의 증가 : AI를 활용하여 스포츠 팬덤을 분석하고 맞춤형 정보를 제공할 수 있다. 이는 스포츠 팬덤의 증가를 촉진할 수 있다.

셋째, 스포츠 업계의 발전 : AI를 활용하여 스포츠 업계의 운영을 효율화하고 새로운 스포츠 콘텐츠를 창출할 수 있다. 이는 스포츠 업계의 발전에 기여할 수 있다.

전반적으로 AI 저널리즘은 연예, 스포츠 분야에도 긍정적인 영향을 미칠 것으로 본다. 그러나 AI 저널리즘의 발전과 함께 발생할 수 있는 부작용에 대한 대비도 필요하다.

5. AI 저널리즘의 대응 전략

한국 언론은 전통적으로 검찰 출입 기자들이 검찰의 주장, 목소리를 대변하는 출입처 중심의 보도로 검찰 개혁을 어렵게 한다고 비판받아 왔다. 심지어 법조 카르텔을 만들어 비리의 한 축으로 언론이 지목될 정도로 후진적이고 부패한 사건에 종종 연루되곤 했다. AI 저널리즘은 이러한 문제를 극복하는 유용한 환경을 만들어 취재 관행에도 변화가 예상된다.

첫째, 출입처 중심의 취재 관행 탈피 : AI 저널리즘은 기존의 출입처 중심의 보도 방식에서 벗어나 다양한 출처의 정보를 수집하고 분석할 수 있다. 이를 통해 의지만 있다면 검찰 등 권력

기관 출입처의 주장과 다른 관점을 제시하고 보다 균형 잡힌 보도를 할 수 있다.

둘째, 편향성 최소화 : AI 저널리즘은 인간의 편향성을 최소화할 수 있다. AI 모델은 학습 데이터에 포함된 편향성을 그대로 반영할 수 있지만, 이를 보완하기 위한 다양한 기술이 개발되고 있고, 다양한 확인 툴이 있어 언론 윤리에 입각하면 편향성을 최소화할 수 있다.

셋째, 투명성 강화 : AI 저널리즘은 AI 모델이 어떻게 작동하는지 투명하게 공개함으로써 신뢰도를 확보할 수 있다. 이를 통해 검찰의 주장이 얼마나 타당한지 독자들이 스스로 판단할 수 있도록 도울 수 있다.

따라서 AI 저널리즘의 미래 대응 전략은 다음 세 방향으로 나눌 수 있다.

첫째, AI 저널리즘의 발전을 적극적으로 수용하고 활용하는 전략 : AI 저널리즘은 저널리즘의 생산성, 창의성, 민주성을 향상시킬 수 있는 잠재력이 있다. 따라서 언론사들은 AI 저널리즘의 발전을 적극적으로 수용하고 활용하여 경쟁력을 확보해야 한다.

둘째, AI 저널리즘의 윤리적 문제를 해결하기 위한 전략 : AI 저널리즘은 객관성, 공정성, 투명성 등의 윤리적 문제를 야기할 수 있으므로 언론사들은 AI 저널리즘의 윤리적 문제를 해결하기 위한 전략을 통해 신뢰도를 확보해야 한다.

셋째, AI 저널리즘으로 인한 변화에 대비하는 전략 : AI 저널리즘의 발전은 언론사들의 구조와 업무 방식에 변화를 가져올 수 있다. 따라서 언론사들은 AI 저널리즘으로 인한 변화에 대비하여 새로운 역량을 개발하고 새로운 업무 방식을 도입해야 한다.

따라서 취재 관행과 인력 효율성 측면에서 변화가 예상되며, 이에 대한 대응 전략이 필요하다.

AI 저널리즘은 앞서 언급한 것처럼 기존 출입처 중심의 취재 관행을 변화시킬 것으로 예상된다. AI를 활용하면 기자들이 직접 취재해야 했던 데이터를 수집하고 분석할 수 있으므로 출입처를 방문하여 취재하는 데 시간을 할애할 필요가 줄어들고, 그만한 출입처 인력이 필요없게 된다. 오히려 AI를 활용하여 데이터를 분석하고 이슈를 발굴하는 데 집중하게 될 것이다.

그래서 AI 저널리즘의 발전으로 기자 한 명당 효율성이 높아질 것으로 예상된다. AI를 활용하면 기자들이 반복적이고 단순한 업무를 자동화할 수 있게 되며, 기자들은 보다 창의적이고 전문적인 업무에 집중할 수 있게 될 것이다.

이와 같은 변화로 인해 기자의 일자리 감소가 우려되는 것은 사실이다. 그러나 AI 저널리즘의 발전은 새로운 일자리 창출로 이어질 것으로 본다. AI를 개발하고 운영하는 기술 인력, AI를 활용한 새로운 콘텐츠를 제작하는 인력 등이 필요하기 때문이다.

결론적으로, AI 저널리즘의 발전은 취재 관행과 인력 효율에 큰 변화를 가져올 것이다. 이러한 변화에 적응하기 위해 언론사들은 AI 저널리즘에 대한 이해를 높이고, AI를 활용한 새로운 업무 방식을 도입해야 한다.

이러한 변화에 적응하기 위해 언론사들은 다음과 같은 과제를 해결해야 할 것이다.

첫째, AI 저널리즘의 윤리강령 제정 : AI 저널리즘의 윤리적 원칙을 규정한 윤리강령을 제정해야 한다.

둘째, AI 모델의 편향성 최소화 : AI 모델이 학습하는 데이터의 편향성을 최소화하기 위한 노력이 필요하다.

셋째, AI 저널리즘의 투명성 확보 : AI 모델이 어떻게 작동하는지 투명하게 공개함으로써 신뢰도를 확보해야 한다.

넷째, AI 저널리즘의 책임성 강화 : AI 모델에 대한 책임 소재를 명확히 규정함으로써 악용 가능성을 방지해야 한다.

다섯째, 취재 인력의 재배치 및 효율화 : 기자 개인의 업무 역량이 높아지고 출입처 중심의 취재 관행이 바뀔 것으로 예상되므로 인력 재배치를 고민해야 한다. 기자 수는 줄고 엔지니어 혹은 애널리스트가 필요해지는 만큼 대비가 필요하다.

여섯째, 매체의 차별화 시대 : 신문 시대는 종말을 이뤘지만 한국은 정부나 공기업의 광고 수주로 독자나 시청자의 선호도와 상관없이 생존하는 시장의 기적을 연출하고 있다. 자생력 없는 언론사에 생명을 연장해 주는 정부의 언론 지원이 앞으로도 계속 되리라는 보장이 없다. 이미 유튜브, 인터넷 등을 통해 뉴스나 정보를 취득하기 쉬운 인터넷 플랫폼이 많아 언론사의 경쟁력은 더욱 어려워질 것이고 차별화된 진검승부의 시대가 올 것이다.

제2장
AI 활용 영역

1. AI 활용 저널리스트의 업무 영역

AI 활용 저널리스트의 업무 영역은 다음과 같이 크게 세 가지로 나눌 수 있다.

1) 데이터 분석 및 시각화

AI 활용 저널리스트는 방대한 양의 데이터를 분석하고 이를 시각화하여 뉴스 콘텐츠를 제작한다. 예를 들어 AI를 활용하여 뉴스 기사의 키워드를 분석해 뉴스 트렌드를 파악하거나, 뉴스 기사 내용을 분석해 뉴스 요약을 제공할 수 있다. 또한 AI를 활용하여 뉴스 기사의 데이터를 시각화하여 뉴스의 이해를 높이거나 뉴스의 인사이트를 제공할 수 있다.

2) 뉴스 콘텐츠 제작

AI 활용 저널리스트는 AI를 활용하여 뉴스 콘텐츠를 직접 제작한다. AI를 통해 뉴스 기사를 작성하거나, 뉴스 영상을 제작하거나, 뉴스 콘텐츠를 번역할 수 있다. 또한 뉴스 콘텐츠의 형식을 다양화하여 사용자의 뉴스 소비 경험을 개선할 수 있다.

3) 뉴스 콘텐츠 편집 및 검증

AI 활용 저널리스트는 AI를 활용하여 뉴스 콘텐츠를 편집하고 검증한다. AI를 통해 뉴스 기사의 오류를 검출하거나, 뉴스 기사의 사실성을 확인할 수 있다. 또한 뉴스 콘텐츠의 편향성을 방지할 수 있다.

이러한 업무 영역은 AI 기술의 발전에 따라 더욱 확대될 것으로 본다. AI 활용 저널리스트는 AI 기술을 활용하여 뉴스 콘텐츠의 생산성, 정확성, 다양성을 향상시키는 데 기여할 것이다.

2. AI 활용 취재

취재는 AI가 해내기 가장 힘든 영역이다. 이미 나온 데이터를 모으고 분석하고 예측하는 것은 잘하지만 새로운 내용, 변화된 사실 관계를 찾아내는 데는 한계를 보이고 있다.

예를 들면, 출입처 기자들의 보도자료 분석 등은 가능하지만 출입처의 권력 남용이나 관련 내용을 탐지하는 등 새로운 뉴스를 찾아내는 영역, 즉 취재 영역은 여전히 AI가 제대로 할 수 없는 분야다.

AI는 스스로 이렇게 말한다.

"보도자료 내용을 분석하여 취재원의 의도나 맥락을 파악할 수 있습니다. 예를 들어 AI를 활용하여 보도자료의 키워드를 분석하여 주제를 파악하거나, 보도자료 내용을 분석하여 보도자료의 의도를 파악할 수 있고, 보도자료의 오류나 편향성을 검증할 수 있습니다. 또 AI를 활용하여 보도자료 내용을 사실과 비교하여 오류를 검출하거나, 보도자료 내용을 객관성의 기준에 따라 평가하여 편향성을 검증할 수 있습니다."

그러나 AI는 이런 말도 덧붙인다.

"물론 AI를 활용한 보도자료 분석은 아직 초기 단계에 있으며, 다양한 기술적 한계와 윤리적 문제가 존재합니다. 그러나 AI 기술의 발전과 함께 AI를 활용한 보도자료 분석은 더욱 발전하여 뉴스 콘텐츠의 정확성과 신뢰성을 향상시키는 데 기여할 것으로 기대됩니다. 다만, AI를 활용한 보도자료 분석이 기존의 출입처 기자의 역할과 완전히 대체할 수는 없다는 점을 유의할 필요가 있습니다."

AI는 인간이 처리하기 어려운 대규모 데이터를 처리하는 데 탁월한 능력을 가지고 있지만, 인간의 직관이나 통찰력을 대체할 수는 없다. 따라서 AI를 활용한 보도자료 분석은 기존의 출입처 기자의 역할과 함께 시너지를 발휘할 수 있을 것으로 본다.

따라서 취재를 크게 사람의 말과 자료에 의존한다면 사람의 말, 즉 취재원은 기자가 직접 만나야 취재가 된다는 것이다. 대신 자료를 모으고 분석하는 것은 AI가 잘하는 만큼 영역 분담을 하면 기자의 취재력도 향상될 것이다.

3. AI 활용 보도

AI 활용 보도는 다양한 유형으로 나눌 수 있다.

- 데이터 분석 및 시각화 보도
- 뉴스 콘텐츠 제작 보도
- 뉴스 콘텐츠 편집 및 검증 보도

AI를 활용하여 방대한 양의 데이터를 분석하고 이를 시각화하여 뉴스 콘텐츠를 제작하는 보도를 말한다. 예를 들어 AI를 활용하여 뉴스 기사의 키워드를 분석해 뉴스 트렌드를 파악하거나, 뉴스 기사 내용을 분석해 뉴스의 요약을 제공할 수 있다. 또한 AI를 활용해 뉴스 기사 데이터를 시각화하여 뉴스의 이해를 높이거나 뉴스의 인사이트를 제공할 수 있다. 이를 보다 구체화하면 다음과 같다.

첫째, 데이터 분석 및 시각화 보도 : AI가 데이터 분석과 시각화는 삽시간에 해내는 강점이 있다. 업무의 효율화를 높이고 서비스 질 개선에도 도움이 될 것이다.

둘째, 뉴스 콘텐츠 제작 보도 : AI를 활용하여 뉴스 콘텐츠를 직접 제작하는 보도를 말한다. 예를 들어 AI를 활용하여 뉴스 기사를 작성하거나, 뉴스 영상을 제작하거나, 뉴스 콘텐츠를 번역할 수 있다. 또한 뉴스 콘텐츠의 형식을 다양화하여 사용자의 뉴스 소비 경험을 개선할 수 있다.

셋째, 뉴스 콘텐츠 편집 및 검증 보도 : AI를 활용하여 뉴스 콘텐츠를 편집하고 검증하는 보도를 말한다. 예를 들어 AI를 활용하여 뉴스 기사의 오류를 검출하거나, 뉴스 기사의 사실성을 확인할 수 있다. 또한 AI를 활용하여 뉴스 콘텐츠의 편향성을 방지할 수 있다.

AI 활용 보도는 아직 초기 단계에 있지만 빠르게 발전하고 있으며, 이미 일부 언론사에서 실시하고 있다. 또한 앞으로 더욱 발전해 뉴스 콘텐츠의 생산성과 품질을 향상시키는 데 기여할 것이다.

여기서 한 가지 더 추가해서 설명하면, AI 활용 취재와 보도는 서로 밀접한 관련이 있다. AI 활용 취재는 AI를 통해 뉴스 기사의 소재를 발굴하고, 이를 검증하는 과정을 말한다. 따라서 AI 활용 취재는 AI 활용 보도의 기초가 된다고 할 수 있다.

4. AI 활용 스토리텔링

AI 활용 스토리텔링은 AI 기술을 활용하여 이야기를 창작하고 전달하는 방식을 말한다. AI는 방대한 양의 데이터를 처리하고 학습할 수 있기 때문에, 인간이 창작하기 어려운 복잡하고 창의적인 이야기를 만들어 낼 수 있다. 또한 AI는 사용자의 선호도와 반응을 학습하여 보다 몰입감 있고 즐거운 스토리 경험을 제공할 수 있다.

AI 활용 스토리텔링의 종류는 크게 두 가지로 나눌 수 있다.

첫째, AI가 이야기를 직접 창작하는 방식 : AI는 자연어 처리

(NLP) 기술[8]을 사용하여 다양한 창작 텍스트를 생성할 수 있다.

---

8 NLP(Natural Language Processing) 기술은 컴퓨터가 인간의 언어를 이해하고
처리할 수 있도록 하는 기술이다. 자연어는 인간이 의사소통을 위해 사용하는
언어로 단어, 문장, 구절 등으로 구성된다. NLP 기술은 자연어를 분석하고, 이
를 컴퓨터가 이해할 수 있는 형태로 변환하는 데 사용된다.

NLP 기술은 다양한 분야에서 활용되고 있다.
번역 : 기계 번역을 개선하는 데 사용
질의응답 : 질의응답 시스템을 개선하는 데 사용
챗봇 : 챗봇을 개선하는 데 사용
자연어 생성 : 자연어를 생성하는 데 사용
감성 분석 : 감성 분석을 개선하는 데 사용
혐오 발언 감지 : 혐오 발언 감지를 개선하는 데 사용

NLP 기술은 아직 개발 초기 단계에 있으나 AI 기술의 발전과 함께 발전 속도가
빠르게 이루어지고 있다. 앞으로 NLP 기술은 다양한 분야에서 더욱 활발하게
활용될 것으로 예상된다.

NLP 기술은 다음 세 가지 주요 단계로 구성된다.
전처리 : 자연어를 컴퓨터가 이해할 수 있는 형태로 변환하는 단계
분석 : 자연어를 분석하는 단계
생성 : 자연어를 생성하는 단계

전처리 단계에서는 자연어의 문법적 오류를 수정하고, 불필요한 정보를 제거한
다. 분석 단계에서는 자연어의 의미를 이해하고, 이를 컴퓨터가 이해할 수 있는
형태로 변환한다. 생성 단계에서는 자연어를 컴퓨터가 생성한다.

NLP 기술은 다양한 알고리즘과 기법을 사용하여 구현된다.
통계적 기법 : 자연어의 패턴을 통계적으로 분석하는 기법
기계 학습 기법 : 데이터를 학습하여 자연어를 이해하고 처리하는 기법
딥러닝 기법 : 인간의 뇌를 모방한 인공 신경망을 사용하여 자연어를 이해하고
처리하는 기법

둘째, AI가 이야기를 전달하는 방식 : AI는 사용자의 질문과 반응을 이해하고 적절한 이야기를 제공할 수 있다. AI는 사용자의 질문에 대한 답변을 제공하거나 사용자의 선호도에 맞는 이야기를 추천할 수 있다.

AI 활용 스토리텔링은 다양한 분야에서 활용되고 있다. 게임, 영화, 애니메이션, 음악, 문학 등 다양한 콘텐츠 창작에 활용되며 교육, 마케팅, 의료 등 다양한 분야에서 교육, 홍보, 치료 등의 목적으로 활용된다.

다음은 AI 활용 스토리텔링의 대표적인 예다.

- 구글의 "LaMDA(Language Model for Dialogue Applications)"는 대화형 AI 기술을 사용하여 사용자와 대화를 나누며 이야기를 만들어 내는 시스템이다.
- 마이크로소프트의 "GPT-3(Generative Pre-trained Transformer 3)"은 대규모 언어 모델을 사용하여 다양한 창작 텍스트를 생성하는 시스템이다.
- 한국전자통신연구원의 "AI 스토리텔링 시스템"은 사용자의 선호도와 반응을 학습하여 보다 몰입감 있는 스토리 경험을 제공하는 시스템이다.

AI 활용 스토리텔링의 장점은 다음과 같다.

첫째, 창의성과 생산성의 향상 : AI는 인간이 생각할 수 없는 새로운 이야기를 창작할 수 있으며, 이를 통해 창의성을 향상시킬 수 있다. 또한 AI는 기존의 스토리텔링 방식보다 훨씬 빠르게 이야기를 생성할 수 있어 생산성을 향상시킬 수 있다.

둘째, 개인화와 맞춤화 : AI는 사용자의 입력이나 행동에 따라 이야기를 조정할 수 있어 개인화와 맞춤화된 이야기를 제공할 수 있다. 이를 통해 사용자의 몰입도를 높일 수 있다.

셋째, 효율성과 비용 절감 : AI는 인간의 개입을 최소화하여 스토리텔링 프로세스를 효율화하고 비용을 절감할 수 있다.

한국전자통신연구원의 "AI 스토리텔링 시스템"은 크게 두 가지 기술로 구성되어 있다.

첫째, 사용자의 선호도 학습 기술 : 이 기술은 사용자의 선호도를 파악하기 위해 사용자의 스토리 소비 패턴, 사용자의 반응, 사용자의 피드백 등을 분석한다. 이를 통해 사용자의 선호도에 맞는 스토리를 추천하거나 사용자의 관심을 유발하는 스토리를 창작할 수 있다.

둘째, 몰입감 향상 기술 : 이 기술은 사용자의 몰입감을 높이기 위해 스토리의 설정, 스토리의 구성, 스토리의 전달방식 등을 최적화하여 사용자는 스토리에 더 몰입하고, 스토리의 주인공이 된 듯한 경험을 할 수 있다.

한국전자통신연구원은 "AI 스토리텔링 시스템"을 다양한 분야에 적용하기 위한 연구를 진행하고 있다. 게임, 영화, 애니메이션, 음악, 문학 등 다양한 콘텐츠의 창작에 활용될 수 있으며 교육, 마케팅, 의료 등 다양한 분야에서 교육, 홍보, 치료 등의 목적으로 활용될 수 있다.

다음은 한국전자통신연구원의 "AI 스토리텔링 시스템"의 구체적인 활용 사례다.

- 게임 분야 : AI 스토리텔링 시스템은 게임 스토리를 더욱 풍부하게 만들 수 있다. 예를 들어 게임 주인공의 선택에 따라 스토리가 변화하는 방식으로 게임의 재미를 높일 수 있다.
- 영화 분야 : AI 스토리텔링 시스템은 영화 시나리오를 자동으로 생성할 수 있다. 예를 들어 방대한 양의 영화 데이터를 학습하여 특정 장르나 주제의 영화 시나리오를 생성할 수 있다.
- 애니메이션 분야 : AI 스토리텔링 시스템은 애니메이션 스토리

를 더욱 창의적으로 만들 수 있다. 예를 들어 AI가 직접 애니메이션 대본을 작성하거나 애니메이션 장면을 자동으로 생성할 수 있다.

- 음악 분야 : AI 스토리텔링 시스템은 음악의 가사나 멜로디를 자동으로 생성할 수 있다. 예를 들어 사용자의 선호도에 맞는 음악을 생성하거나 특정 주제의 음악을 생성할 수 있다.

- 문학 분야 : AI 스토리텔링 시스템은 소설, 시, 희곡 등 다양한 문학 작품을 창작할 수 있다. 예를 들어 방대한 양의 문학 데이터를 학습하여 특정 장르나 주제의 문학 작품을 창작할 수 있다.

5. AI 활용 팩트 체크

AI 활용 팩트 체크 기법은 인공지능 기술을 사용하여 사실 여부를 확인하는 기법을 말한다. AI는 방대한 양의 데이터를 처리하고 학습할 수 있으므로 인간이 팩트 체크하기 어려운 복잡한 정보들도 보다 빠르고 정확하게 검증할 수 있다.

AI 활용 팩트 체크 기법은 크게 두 가지다.

첫째, 텍스트 분석 기법 : 이 기법은 텍스트의 문법, 어휘, 문맥 등을 분석하여 사실 여부를 확인한다. 예를 들어 텍스트에 잘못된 문법이나 어휘가 포함되어 있거나, 텍스트 내용이 모순된다면 해당 텍스트는 사실이 아닐 가능성이 높다.

둘째, 데이터 분석 기법 : 이 기법은 다양한 데이터를 분석하여 사실 여부를 확인한다. 예를 들어 뉴스 기사의 출처, 기사에 언급된 통계나 연구 결과의 신뢰도 등을 분석하여 기사의 정확성을 확인할 수 있다.

다음은 AI 활용 팩트 체크 기법의 구체적인 예다.

- 구글의 "Fact Check Explorer"는 텍스트 분석 기법을 사용하여 뉴스 기사의 정확성을 평가하는 도구다.
- Factmata의 "Factmata Engine"는 데이터 분석 기법을 사용하여 뉴스 기사, 소셜 미디어 게시물, 블로그 포스팅 등 다양한 콘텐츠의 정확성을 평가하는 도구다.
- Hugging Face의 "FEVER"는 팩트 체크를 위한 데이터 세트와 벤치마크다.

대부분 작동 원리가 비슷해서 구글의 팩트 체크 도구를 보다 자세히 살펴보겠다. 구글의 "Fact Check Explorer"는 텍스트 분석 기법을 사용하여 뉴스 기사의 정확성을 평가하는 도구다. 이 도구는 뉴스 기사의 제목, 본문, 이미지, 동영상 등 다양한 요소를 분석하여 사실 여부를 확인한다.

구체적인 분석 방법은 다음과 같다.

첫째, 텍스트 분석 : 뉴스 기사의 문법, 어휘, 문맥 등을 분석하여 사실 여부를 확인한다. 뉴스 기사에 잘못된 문법이나 어휘가 포함되어 있거나 뉴스 기사 내용이 모순된다면, 해당 뉴스 기사는 사실이 아닐 가능성이 높다.

둘째, 출처 분석 : 뉴스 기사의 출처를 분석하여 신뢰도를 확인한다. 뉴스 기사의 출처가 신뢰할 수 없는 기관이나 개인인 경우, 해당 뉴스 기사의 정확성이 떨어질 가능성이 높다.

셋째, 정보 분석 : 뉴스 기사에 언급된 정보의 정확성을 확인한다. 뉴스 기사에 언급된 통계나 연구 결과가 잘못된 경우, 해당 뉴스 기사의 정확성이 떨어질 가능성이 높다.

구글의 "Fact Check Explorer"는 2020년 4월에 출시되었고, 현재 100개 이상의 언어로 제공되고 있다. 이 도구는 팩트 체커, 기자, 일반 사용자 등이 뉴스 기사의 정확성을 확인하는 데 유용하게 사용할 수 있다.

다음은 구글의 "Fact Check Explorer"의 장점이다.

첫째, 효율성 : 텍스트 분석 기법을 사용하여 빠르게 뉴스 기사의 정확성을 확인할 수 있다.

둘째, 범용성 : 다양한 언어로 제공되기 때문에 전 세계의 뉴스 기사를 검증할 수 있다.

셋째, 개방성 : 누구나 사용할 수 있는 공개 도구다.

하지만 아직 미완성 도구로 분명한 한계점도 갖고 있다. 구글의 "Fact Check Explorer"의 한계점은 다음과 같다.

첫째, 정확성 : AI는 아직 완벽하지 않기 때문에 AI가 생성한 팩트 체크 결과가 항상 정확하지는 않다.

둘째, 편향성 : AI는 학습된 데이터에 의해 편향될 수 있으므로 AI가 생성한 팩트 체크 결과도 편향될 수 있다.

AI 활용 팩트 체크 기법이 개발되는 것만큼 가짜뉴스 개발 기술도 동시에 발전하고 있어 이를 극복하는 것이 과제다.

6. AI 활용 저널리스트의 업무 능력 향상

AI를 활용하면 저널리스트뿐만 아니라 교육자, 의사, 간호사, 자유기고가, 작가, 방송인 등 모든 분야에서 유용한 도움을 받을 수 있다는 장점이 있다. 여기서는 저널리스트에 한정해 대략적으로 살펴보겠지만, 다른 분야에도 동일하게 적용될 수 있다.

다음은 AI를 활용하여 저널리스트의 업무 능력을 향상시키는 방법이다.

첫째, 데이터 수집 및 분석 : AI는 인터넷에서 대량의 정보를 신속하게 수집하고 분석할 수 있다. 이를 통해 뉴스 기사에 필요한 정보나 트렌드를 빠르게 파악할 수 있다.

둘째, 자동화된 콘텐츠 생성 : AI 기술을 사용하여 기초적인 뉴스 기사나 보도 자료를 작성할 수 있다. 이는 반복적이고 시간 소모적인 작업을 줄여 주며, 저널리스트가 더 깊이 있는 리서치와 분석에 집중할 수 있도록 도와 준다.

셋째, 언어 번역 및 이해 : AI 번역 기술은 다국어 뉴스를 신속하게 번역하고 이해하는 데 도움을 준다. 이것은 국제 뉴스 커버리지를 확대하는 데 도움이 된다.

넷째, 빅데이터 분석 : AI는 대량의 데이터에서 패턴을 식별하고 트렌드를 예측하는 데 사용된다. 이는 특정 주제에 대한 깊은 분석을 제공하고, 뉴스 기사의 내용을 보완하는 데 도움이 된다.

다섯째, 자동화된 편집 : AI는 문법 및 스타일 가이드를 준수하며 기사를 편집하는 데 도움을 준다. 또한 사실 검증 도구로 활용할 수 있다.

여섯째, 개인화된 추천 시스템 : 독자에게 개인화된 뉴스 추천을 제공하는 AI를 통해 독자가 관심 있는 주제나 이벤트에 대한 정보를 빠르게 접할 수 있다.

일곱째, 사회 미디어 모니터링 : AI를 사용하여 소셜 미디어에서 트렌드나 중요한 이슈를 감지하고 이에 대한 뉴스 커버리지를 조정할 수 있다.

여덟째, 자동화된 리포트 생성 : AI는 데이터 기반 리포트를 자동으로 생성하고 시각화할 수 있으며, 이를 통해 저널리스트가 데이터를 효과적으로 전달할 수 있다.

아홉째, 편집 지원 : AI 편집 도구는 언론 윤리 및 스타일 가이드 준수를 검증하고 기사의 품질을 향상시키는 데 도움이 된다.

열째, 감성 분석 : AI는 뉴스 기사와 관련된 감정 및 반응을 모니터링하고 분석할 수 있으며, 이를 통해 독자들의 의견을 이해하고 조사할 수 있다.

열한째, 데스크 역할 : AI는 완성된 기사를 다시 한번 팩트 체크하거나 무리한 표현, 논리의 비약, 부적절한 단어 등에 대해 조언해 줄 수 있다. 심지어 평가까지 미리 해 주기 때문에 잘 활용하면 큰 도움을 받을 수 있을 것이다.

AI는 뉴스 저널리스트의 작업을 보조하고 빠르고 효과적으로 정보를 처리하는 데 큰 도움을 줄 수 있지만, 한계는 분명하다. AI와 인간의 협력을 통해 뉴스산업은 더 효율적이고 다양한 정보를 제공할 수 있다.

7. AI 활용 도구와 플랫폼의 활용

AI 활용 도구와 플랫폼은 다양한 분야에서 활용되고 있다. 아직은 초기 단계지만 곧 인터넷처럼 AI를 보편상용화하는 시기가 올 것으로 예상된다. 다음은 AI 활용 도구와 플랫폼의 대표적인 활용 사례다.

1) 의료
- 진단 : 의료 이미지나 영상을 분석하여 질병을 진단하는 데 사용된다.
- 치료 : 개인 맞춤형 치료 계획을 수립하거나 수술이나 재활을 지원하는 데 사용된다.
- 연구 : 새로운 치료법을 개발하거나 질병의 원인을 규명하는 데 사용된다.

2) 금융
- 금융 사기 탐지 : 카드 사용 내역이나 계좌 거래 내역을 분석하여 금융 사기를 탐지하는 데 사용된다.
- 투자 분석 : 주식이나 채권의 가격을 예측하거나 투자 포트폴리오를 관리하는 데 사용된다.
- 개인 맞춤형 금융 상품 추천 : 고객의 상황과 필요에 맞는

금융 상품을 추천하는 데 사용된다.

3) 제조

- 품질 관리 : 제품의 품질을 검사하거나 불량품을 식별하는 데 사용된다.
- 생산 최적화 : 생산 공정을 개선하거나 생산 효율을 높이는 데 사용된다.
- 새로운 제품 개발 : 고객의 요구를 반영한 새로운 제품을 개발하는 데 사용된다.

4) 유통

- 고객 행동 분석 : 고객의 구매 패턴을 분석하여 마케팅 전략을 수립하는 데 사용된다.
- 재고 관리 : 재고 수준을 최적화하거나 재고 부족을 예측하는 데 사용된다.
- 배송 최적화 : 배송 경로를 최적화하거나 배송 시간을 단축하는 데 사용된다.

5) 교육

- 개인 맞춤형 학습 : 학생의 학습 수준과 속도에 맞는 학습 콘텐츠를 제공하는 데 사용된다.
- AI 기반 학습 도구 : 퀴즈나 시험을 자동으로 채점하거나

학습 진도를 추적하는 데 사용된다.
- 인공지능 강사 : 학생들에게 개인 맞춤형 학습 경험을 제공하는 데 사용된다.
- 외국어 교육 : 영어 등 외국어 공부에도 큰 도움을 받을 수 있다.

하지만 AI 활용 도구와 플랫폼의 활용을 위해서는 다음과 같은 사항을 반드시 사전에 고려해야 한다.

- 데이터의 품질 : AI 모델은 데이터의 품질에 따라 성능이 달라지므로 데이터의 정확성과 신뢰성을 확보하는 것이 중요하다.
- 모델의 성능 : AI 모델 성능을 평가하고 필요에 따라 모델을 개선하는 것이 중요하다.
- 윤리적 고려 사항 : AI 모델이 편견이나 차별을 유발하지 않도록 주의해야 한다.

AI 활용 도구와 플랫폼은 다양한 분야에서 새로운 가능성을 열어 주고 있다. AI 기술의 발전과 함께 AI 활용 도구와 플랫폼의 활용 범위는 더욱 확대될 것으로 예상된다.

8. AI 활용 저널리스트의 교육과 훈련

AI 저널리스트의 교육과 훈련은 다음과 같은 세 가지 방향으로 진행될 수 있다.

첫째, 기존 저널리스트의 AI 역량 강화 : 기존 저널리스트들은 AI 기술을 활용하여 뉴스를 생산하고 유통할 수 있는 역량을 갖추어야 한다. 이를 위해 언론사에서는 AI 교육과 훈련 프로그램을 운영하여 기존 저널리스트들의 AI 역량을 강화할 수 있다. AI 교육과 훈련 프로그램은 다음과 같은 내용이 포함되어 있다.

- AI 기술의 이해 : AI 기술의 기본 개념과 원리, AI 모델의 종류와 특징 등을 이해한다.
- AI 활용 저널리즘의 이해 : AI 저널리즘의 개념과 특징, AI 저널리즘의 윤리적 문제 등을 이해한다.
- AI 활용 저널리즘의 실습 : AI 모델을 활용하여 뉴스 기사 작성, 데이터 분석, 팩트 체크 등을 실습한다.

둘째, AI 전문 저널리스트 양성 : AI 저널리즘은 새로운 분야이기 때문에 AI 기술에 대한 전문 지식과 저널리즘에 대한 전문 지식을 모두 갖춘 AI 전문 저널리스트의 양성이 필요하다. 이를 위해 대학에서는 AI 저널리즘을 전공으로 개설하거나, 언론사에서는 AI 전문 교육 프로그램을 운영하여 AI 전문 저널리스트 양성에 나서고 있다. AI 전문 교육 프로그램은 다음과 같은 내용이 포함되어 있다.

- AI 기술의 이해 : AI 활용 저널리스트는 AI 기술에 대한 기본적인 이해가 필요하므로 인공지능, 머신 러닝, 딥러닝 과목을 교육할 수 있다. 이러한 과목을 통해 AI의 개념과 원리, AI 모델의 종류와 특징, AI 모델의 학습과 예측 방법 등을 이해할 수 있다.
- AI 활용 저널리즘의 이해 : AI 활용 저널리즘의 개념과 특징, AI 활용 저널리즘의 윤리적 문제 등을 이해하는 것도 중요하므로 AI 활용 저널리즘의 개념, AI 활용 저널리즘의 특징, AI 활용 저널리즘의 윤리 과목을 교육할 수 있다. 이러한 과목을 통해 AI 활용 저널리즘의 다양한 활용 방법과 윤리적 문제를 이해할 수 있다.

셋째, AI 활용 저널리즘의 실습 : AI 활용 저널리즘을 실습하는 것도 중요하므로 AI 모델을 활용한 뉴스 기사 작성, AI 모델을 활용한 데이터 분석, AI 모델을 활용한 팩트 체크와 같은 실습을 진행할 수 있다.

AI 저널리스트의 교육과 훈련을 통해 AI 기술을 활용하여 뉴스를 생산하고 유통할 수 있는 역량을 갖춘 저널리스트들이 양성된다면, AI 저널리즘의 발전에 기여할 수 있을 것이다.

제3장
AI 활용 가짜뉴스의 세계

1. AI 활용 가짜뉴스의 진화

AI 활용 가짜뉴스는 인공지능 기술을 활용하여 생성된 가짜뉴스를 말한다. AI 활용 가짜뉴스는 기존의 가짜뉴스에 비해 더욱 사실적으로 보이고 유포하기 쉽다는 특징이 있다. AI 활용 가짜뉴스의 실태를 세 가지로 정리해 본다.

첫째, 생성 방식의 다양화 : AI 활용 가짜뉴스는 기존의 텍스트 기반 가짜뉴스뿐만 아니라 이미지, 영상, 음성 등 다양한 방식으로 생성되고 있다.

둘째, 유포 방식의 진화 : AI 활용 가짜뉴스는 기존의 SNS, 메신저 등을 넘어 딥페이크 기술을 활용하여 유튜브, 페이스북

등에서 유포되고 있다.

셋째, 피해의 확대 : AI 활용 가짜뉴스는 기존의 가짜뉴스에
비해 더욱 사실적으로 보이고 유포하기 쉽기 때문에 피해가 더
욱 확대될 것으로 우려된다.

AI 활용 가짜뉴스의 미래 전망은 그렇게 밝지 않다. 기술의
발전에 따른 속도만큼 가짜뉴스도 비례하여 진화할 것이기 때
문이다. 더구나 가짜뉴스로 상업적·정치적 이익을 보는 세력이
존재하는 한 쉽게 사라지지 않는다.

AI 활용 가짜뉴스에 대한 대응책은 제한적이긴 하지만 다음
과 같다.

첫째, 기술적 대응 : AI 기술을 활용하여 AI 활용 가짜뉴스를
탐지하고 차단하는 기술을 개발해야 한다.

둘째, 제도적 대응 : AI 활용 가짜뉴스의 유포를 처벌하는 법
률을 제정하고 언론의 윤리 규정을 강화해야 한다.

셋째, 사회적 대응 : AI 활용 가짜뉴스에 대한 인식 개선과 미
디어 리터러시 교육을 강화해야 한다.

넷째, 인터넷 미디어, 유튜브 등 유통업체의 책임성 강화 : 기존 미디어는 수문장 제도(일종의 검증장치, gate keeping)가 있지만 인터넷 미디어, 유튜브, 페이스북은 가짜뉴스에 무방비로 노출되어 있고, 심지어 이를 악용하는 통로로 활용되기도 한다.

AI 활용 가짜뉴스는 사회의 신뢰성과 안녕을 위협하는 심각한 문제를 야기할 수 있으므로 기술적·제도적·사회적 대응을 통해 AI 활용 가짜뉴스에 대응하고 건강한 사회를 만들어 가야 한다. 이에 대한 대응책은,

첫째, AI 모델의 편향성 최소화 : AI 모델이 학습하는 데이터의 편향성을 최소화하기 위한 노력이 필요하다.

둘째, AI 모델의 투명성 확보 : AI 모델이 어떻게 작동하는지 투명하게 공개하고 독자의 이해를 돕는다.

셋째, AI 모델에 대한 책임 소재 명확화 : AI 모델에 대한 책임 소재를 명확히 규정하고 악용 가능성을 방지하기 위한 노력을 기울인다.

넷째, 미디어 리터러시 교육 강화 : AI 활용 가짜뉴스를 식별하고 대응할 수 있는 능력을 키우기 위한 교육을 강화한다.

2. AI와 가짜뉴스의 실제

도널드 트럼프 전 미국 대통령이 경찰에 체포되는 모습이 전 세계에 알려졌다.[9] 이는 가짜뉴스로 밝혀졌다. 프란치스코 교황이 패딩을 입은 사진도 유포됐다.[10] 역시 가짜사진 뉴스로 알려졌다. 국내 연예인에 대한 가짜뉴스도 꾸준히 유포되고 있다. 가짜

---

9 트럼프 체포됐다고?⋯AI로 만든 가짜사진 퍼지며 논란(출처 : 한겨레신문)

박병수 선임기자, 엘리엇 히긴스 트위터. 연합뉴스
등록 2023.03.22. 22:13, 수정 2023.03.23. 00:28

도널드 트럼프 전 미국 대통령이 수갑을 차고 연행되는 '가짜사진'이 온라인을 통해 널리 퍼져 나가 논란이라고 AP통신이 21일(현지시각) 보도했다. 가짜사진 은 소셜 미디어에 "트럼프가 맨해튼에서 체포됐다"는 설명과 함께 확산했다. 트럼프 전 대통령이 달아나려는 듯한 장면, 경찰관에 끌려가는 모습, 교도소에서 재소자 옷을 입고 있는 모습 등이 담겨 있다. 그러나 이들 사진은 인공지능(AI) 으로 만들어 낸 이미지다. 일부는 디지털 자료 분석단체 '벨링캣'의 창립자 엘리 엇 히긴스가 만든 것으로 확인됐다. 그는 소셜 미디어에 이미지 생성 인공지능 '미드저니(Midjourney)'를 이용해 간단한 프롬프트 입력으로 사진을 만들었다 고 썼다. 그렇지만 소셜 미디어에서는 이런 배경을 알지 못한 채 사진들이 퍼져 나갔고, 실제 트럼프 전 대통령이 체포된 것으로 받아들이는 네티즌들도 있는 것으로 알려졌다. 논란이 커지자 트위터는 관련 사진이 노출될 때 따라붙는 공 지문을 통해 "트럼프 체포 이미지는 가짜"라고 밝혔다.
트럼프 전 대통령은 2016년 대선 직전 포르노 배우와 성관계를 맺은 사실을 숨 기기 위해 회삿돈으로 합의금을 지급한 뒤 회계조작을 했다는 의혹으로 뉴욕 맨해튼지검의 수사를 받고 있다.

뉴스의 내용은 다양하지만 주로 결혼설, 이혼설, 사망설, 탈세, 마약 등 연예인의 사생활과 관련된 내용이 많다. 소비자의 호기심을 이용, 클릭수로 경제적 이익을 취하려는 것이 대부분이다.

AI가 알려주는 2023년 국내 연예인들에 대한 가짜뉴스 사례를 정리하면 다음과 같다. 문제는 가짜뉴스를 여전히 가짜인지 모르는 사람도 많다.

---

10 "화이트 유광 '교황 패딩' 사러 가자"…AI가 그린 가짜였다(출처; 아시아경제)

방제일 기자, 입력 2023.03.27. 16:01

프란치스코 교황이 흰색 롱패딩에 십자가 목걸이를 한 채 외출한 사진이 인공지능(AI)이 그린 가짜로 판명됐다.
26일(현지시간) 포브스 등 외신에 따르면 지난 주말 문제의 가짜사진이 미국의 온라인 커뮤니티 레딧에 처음 등장했다. 사진 속 프란치스코 교황은 유광 재질로 보이는 듯한 흰색 롱패딩을 입고 있다. 패딩 위로는 반짝이는 은색 목걸이가 돋보인다.
이 사진은 트위터 등 사회연결망서비스(SNS)를 통해 급속도로 퍼졌다. 돈 모이니한 조지타운 교수는 트위터에 "프란치스코 교황이 입고 있는 (패딩은) 브랜드 이름이 무엇일까"라는 글을 올리기도 했다.
이 이미지는 AI 툴인 '미드저니'를 통해 만들어진 가짜사진으로 판명됐다. 포브스는 대부분의 사람이 이 사진이 진짜라고 믿을 만큼 정교하다며 '현실 속 위조지폐'에 비유했다.
영화배우 크리시 타이겐은 "교황의 패딩은 진짜로 보였고, 가짜라는 의심은 들지 않았다"며 "미래의 테크놀로지 속에서 살아남을 방법은 없을 것"이라는 글을 썼다.
다만 사진 속 프란치스코 교황의 모습에서 특히 손 모양이 어색하다는 점을 파악할 수 있는데, 실제로 이 AI는 손을 그리는 데 어려움을 겪고 있는 것으로 알려졌다.

첫째, 결혼설과 이혼설 : 손예진-현빈, 도경완-장윤정, 최수종-하희라 부부 등이 이혼설에 휩싸였고, 송혜교-차은우, 송가인-김호중, 고현정-이영하 등은 예비부부 취급을 받았다.

둘째, 사망설 : 김영옥, 박근형, 혜은이 등은 사망설로 몸살을 앓았다.

셋째, 인성 문제설 : 배우 유연석이 경비원을 무시했다는 글처럼 인성을 고발하는 가짜뉴스가 온라인에 퍼졌다. 2023년 9월 유연석은 자신의 SNS를 통해 "사실이 아니다"라고 해명했다.

AI를 활용한 가짜뉴스는 다양한 형태와 종류로 나타날 수 있다. 이러한 종류를 정리하면 다음과 같다.

첫째, AI 생성 텍스트 뉴스 : GPT-3와 같은 언어 모델을 사용하여 생성된 텍스트 뉴스가 있다. 예를 들어 어떤 개인이 AI를 활용하여 정치적인 소문이나 거짓 정보를 담은 뉴스 기사를 생성하고 퍼뜨릴 수 있다.

둘째, AI 생성 비디오 뉴스 : 딥페이크 기술과 같은 AI를 사용하여 가짜 비디오 뉴스가 만들어질 수 있다. 이를 통해 얼굴 합성 및 목소리 합성 기술을 활용하여 정치인이나 공인된 인물, 유명인 등의 말하는 동영상을 만들어 거짓 정보를 전파하는 사례가 있다.

셋째, 자동화된 봇 네트워크 : AI를 활용한 자동화된 봇 네트워크가 가짜뉴스를 확산시킬 수 있다. 예를 들어 트위터나 페이스북에서 정치적 논쟁을 조장하기 위해 수천 개의 봇 계정이 만들어지고 조작될 수 있다.

넷째, AI 생성 이미지 뉴스 : AI를 사용하여 가짜 이미지 뉴스가 만들어질 수 있다. 이를 통해 사건을 왜곡하거나 거짓 사진을 사용하여 사람들을 혼란스럽게 만드는 사례가 있다.

다섯째, 빅데이터 및 AI 기반의 뉴스 조작 : AI를 사용하여 대량의 데이터를 분석하고 트렌드를 파악하여 뉴스를 조작하는 경우도 있다. 이를 통해 어떤 주제나 사건을 과장하거나 왜곡할 수 있다.

여섯째, AI로 생성된 인용문 : AI는 실제로는 없는 인용문을 생성하고 가짜뉴스 기사에 인용구로 사용할 수 있다. 이렇게 하면 뉴스가 더 신빙성 있는 것처럼 보일 수 있다.

가짜뉴스는 개인, 사회, 정치, 나라 전체에 큰 피해를 줄 수 있다. 좀 더 구체적으로 살펴보겠다.

첫째, 개인의 경우 : 가짜뉴스로 인해 잘못된 정보를 믿고 의사결정을 내릴 수 있다. 이는 경제적 손실이나 신체적 피해로 이어질 수 있다.

둘째, 사회의 경우 : 가짜뉴스로 인해 사회 갈등이 심화되고 사회 통합이 약화될 수 있다.

셋째, 정치의 경우 : 가짜뉴스로 인해 선거 결과가 왜곡되고 민주주의가 위협받을 수 있다.

다음은 가짜뉴스를 피하기 위한 구체적인 방법이다. 이런 방법이 나와 있지만 대부분 너무 쉽게 믿는 경향이 있다. 멀쩡한 사람이 어리석은 가짜뉴스를 검증 없이 이야기하는 것이 쉽게 목격된다. 놀라운 뉴스의 경우 출처와 진위를 확인하는 미디어 소비자세가 필요하다. 구체적으로 정리해 보겠다.

첫째, 기사 제목과 내용을 꼼꼼히 살펴보자 : 제목만 보고 기사를 믿지 마라. 낚시성 기사는 제목과 내용이 다른 경우가 많다. 내용을 읽어 보고 기사의 주장이 사실인지 확인해 보자.

둘째, 출처가 불분명한 기사는 믿지 마라 : 기사 출처가 신뢰할 수 있는 곳인지 확인해 보라. 적어도 이름 있는, 실체가 있는 언론사의 뉴스인지, 인터넷이나 유튜브, SNS에 떠도는 이야기인지부터 구분하자.

셋째, 기사 내용을 다른 언론의 보도와 비교해 보라 : 같은 사건에 대해 다른 언론이 어떻게 보도하는지 확인해 보라. 중요 사건의 경우 대부분 다른 언론사에서도 보도하기 때문에 그 내용을 쉽게 비교해 볼 수 있다.

넷째, 팩트 체크 기관의 검증 결과를 참고하라 : 팩트 체크 기관에서 가짜뉴스로 판명된 기사는 믿지 마라. 그게 아니라면 AI를 통해서도 쉽게 확인 할 수 있다.

다섯째, SNS에서 공유되는 정보는 신중하게 받아들여라 : SNS에서 공유되는 정보는 사실 확인이 제대로 이루어지지 않은 경우가 많다.

3. 가짜뉴스와 오보의 공통점과 차이점

가짜뉴스와 오보는 모두 사실이 아닌 정보를 전달한다는 점에서 공통점이 있다. 하지만 가짜뉴스는 특정 목적을 위해 고의적으로 만들어 유포되는 반면, 오보는 단순한 실수나 사실 확인의 오류로 인해 발생한다는 점에서 차이가 있다.

먼저 공통점은 둘 다 사실이 아닌 정보를 전달한다는 것이다. 똑같이 사람들의 판단이나 행동에 영향을 미칠 수 있다. 그러나 차이점은 분명하다. 차이점을 도표로 정리했다.

특징	가짜뉴스	오보
목적	있음	없음
의도성	악의적	없음
전파 속도	빠름	느린 편
유포 방법	온라인, SNS, 유튜브	언론사
정정 노력	정정하지 않음	정정하는 편

도표에 넣지 않았지만, 저널리즘에서 오보는 불가피하기 때문에 법적으로도 웬만한 조건을 갖추지 않으면 처벌하지 않는다. 웬만한 조건이란 사전에 고의성과 악의성을 갖고 있었느냐가

핵심이다.

가짜뉴스는 처음부터 의도성과 악의성, 정치적 목적, 상업성 등의 목적성이 분명하기 때문에 법적 처벌을 전제로 한다. 가짜뉴스는 저널리즘의 영역 안에 들어오는 것이 아니라, 사기성 때문에 범죄 영역에서 다룰 사안이다.

따라서 가짜뉴스는 특정 정치인을 공격하거나, 특정 정책을 비방하거나 돈벌이용 목적으로 만들어진다. 오보는 기자의 실수나 전문성 부족으로 발생한 경우, 혹은 사실 확인을 제대로 하지 않아 발생한 경우 등이 있다.

가짜뉴스와 오보는 모두 사실이 아닌 정보를 전달한다는 점에서 유사하지만, 의도성 여부와 목적의 차이에 따라 구분할 수 있다. 가짜뉴스는 특정 목적을 위해 고의적으로 만들어 유포되는 반면, 오보는 단순한 실수나 사실 확인의 오류로 인해 발생한다.

4. 가짜뉴스와 오보에 대한 판결 사례

다음 사례는 둘 다 잘못된 정보를 대중에 유포한 혐의로 법적 처벌을 받은 사건이다. 법원은 가짜뉴스와 오보라고 명시하지 않았지만, 처벌의 강도로 이를 차별화했다는 점을 알 수 있다.

1) 가짜뉴스 사례

2022년 2월 22일, 서울중앙지법은 한 유튜버가 게재한 영상이 가짜뉴스에 해당한다고 판단하고, 유튜버에게 징역 1년 6개월을 선고했다. 이 영상은 유명 정치인의 부패 혐의를 제기하는 내용이었지만, 사실이 아닌 것으로 밝혀졌다.

유포 방법이 유튜브라는 점, 검증 과정 없이 특정 정치인을 부패자로 단정하여 허위 정보를 퍼뜨린 점 등을 이유로 실형을 선고했다. 이는 무거운 처벌로 볼 수 있다.

2) 오보 사례

2022년 7월 20일, 서울서부지법은 한 언론사가 게재한 기사가 오보에 해당한다고 판단하고 언론사에 100만 원의 손해배상 판결을 내렸다. 이 기사는 유명 연예인의 불법 도박 혐의를 제기하는 내용이었지만, 사실이 아닌 것으로 밝혀졌다.

2022년 11월 2일, 대법원은 한 언론사가 보도한 기사가 오보에 해당한다고 판단하여 해당 언론사에 500만 원의 손해배상 판결을 내렸다. 해당 기사는 "어느 기업이 불법적인 자금을 조성했다는 사실이 밝혀졌다"는 내용을 보도했는데, 해당 기업은 불법적인 자금을 조성한 사실이 없었다. 법원은 해당 기사가 사실과 일부 차이가 있는 정보를 유포하여 해당 기업의 명예를 훼손했다고 판단했다.

손해배상금액은 매체의 영향력과 오보나 가짜뉴스의 내용, 유포 범위, 피해 정도 등 다양한 요인을 감안하여 결정된다. 이러한 사례들은 가짜뉴스와 오보를 구분하여 판단할 필요가 있음을 보여 준다. 가짜뉴스는 실수에 의한 오보보다 더 심각한 문제를 야기할 수 있기 때문이다. 가짜뉴스는 의도적으로 사실이 아닌 허위 정보를 유포한다는 점에서 사회에 혼란을 야기하고, 사람들의 신뢰를 더욱 떨어뜨릴 수 있다. 따라서 가짜뉴스는 엄중하게 처벌해야 한다.

5. AI 활용 가짜뉴스 규제와 표현의 자유

고의성과 악의성을 전제로 한 가짜뉴스는 아무리 그럴듯해도 처음부터 단속의 대상이며 범죄 행위에 속한다. 가짜뉴스는 한마디로 정의하기 쉽지 않지만, 의도성이 분명하며 특정 목적으로 조작, 왜곡, 과장된 허위 정보를 일컫는다.

이를 단속하기 힘들다는 이유로 방치한다면 개인의 인격권, 명예권, 신용권 등 인권이 심각하게 침해받게 될 것이다. 민주주의 사회에서 표현의 자유와 인권의 보호 등은 서로 양보할 수 없는 동시에 수호해야 할 가치다.

표현의 자유는 민주주의의 근간이 되는 중요한 권리다. AI 활용 가짜뉴스 단속을 강화하면 표현의 자유가 침해될 수 있다. 동시에 인권의 침해 및 사회의 혼란을 야기할 수 있는 심각한 문제다. 따라서 이러한 핵심 문제를 해결하기 위해서는 다음과 같은 최소한의 접근 원칙이 필요하다.

첫째, 표현의 자유와 사회의 안녕을 조화롭게 추구한다. AI 활용 가짜뉴스 단속을 통해 사회 혼란을 방지하면서도, 표현의 자유를 최대한 보장할 수 있는 방안을 모색해야 한다.

둘째, 기술적·제도적·사회적 대응을 병행한다. AI 기술의 발전에 따라 AI 활용 가짜뉴스의 진화도 가속화되고 있다. 기술적·제도적·사회적 대응을 병행하여 AI 활용 가짜뉴스에 효과적으로 대응해야 한다.

다음은 이를 위한 구체적인 해결책이다.

첫째, AI 활용 가짜뉴스의 탐지와 차단 기술 개발 : AI 기술을 활용하여 AI 활용 가짜뉴스를 탐지하고 차단하는 기술을 개발한다.

둘째, AI 활용 가짜뉴스의 유포를 처벌하는 법률 제정 : AI 활용 가짜뉴스의 유포를 처벌하는 법률을 제정한다.

셋째, 언론의 윤리 규정 강화 : 언론의 윤리 규정을 강화하여 언론이 AI 활용 가짜뉴스를 생산하고 유포하지 않도록 한다.

넷째, 미디어 리터러시 교육 강화 : AI 활용 가짜뉴스를 식별하고 대응할 수 있는 능력을 키우기 위한 교육을 강화한다.

6. 국내외 대표적 가짜뉴스 사례

다음은 구글이 최근에 선정한 국내외 대표적인 가짜뉴스 사례를 정리한 것이다.

1) 한국

한 블로거가 유명 축구선수가 성매매를 했다는 내용의 글을 게시한 사건

이 사건에서 블로거는 유명 축구선수가 성매매를 했다는 근거로 그 선수가 과거에 술자리에서 성매매를 했다는 주장을 제시했다. 그러나 법원은 블로거의 주장이 근거가 없다고 판단하여 블로거에게 징역 1년 6개월의 실형을 선고했다.

러시아-우크라이나 전쟁과 관련된 가짜뉴스

러시아-우크라이나 전쟁이 발발한 이후, 한국에서도 다양한 가짜뉴스가 유포되었다. 대표적인 사례는 다음과 같다.

"러시아가 한국을 침공할 것이다."
"우크라이나에서 한국군이 전사했다."
"미국이 한국을 우크라이나처럼 버릴 것이다."

이와 같은 가짜뉴스는 국민들의 불안감을 조성하고, 국가 안보에 위협을 가할 수 있는 문제다.

코로나19와 관련된 가짜뉴스

코로나19가 전 세계적으로 확산된 이후, 한국에서도 다양한 코로나19 관련 가짜뉴스가 유포되었다. 대표적인 사례는 다음과 같다.

"코로나19 백신이 인체에 유해하다."
"코로나19는 인공적으로 만들어진 바이러스다."
"코로나19는 5G 통신의 영향으로 발생했다."

이와 같은 가짜뉴스는 코로나19 예방과 확산 방지에 악영향을 미칠 수 있는 문제다.

2) 해외

미국

미국에서는 2020년 대통령선거를 둘러싸고 다양한 가짜뉴스가 유포되었다. 대표적인 사례는 다음과 같다.

"선거가 조작되었다."
"조 바이든 대통령이 사실상 정신병을 앓고 있다."
"조 바이든 대통령이 중국의 스파이다."

이와 같은 가짜뉴스는 미국 사회에 큰 혼란을 야기하고, 민주주의에 위협을 가할 수 있는 문제다.

영국

영국에서는 2021년 영국 총선을 둘러싸고 다양한 가짜뉴스가 유포되었다. 대표적인 사례는 다음과 같다.

"보리스 존슨 총리가 사실상 부패하고 부정직하다."
"노동당이 영국을 사회주의 국가로 만들 것이다."
"영국이 유럽연합에서 탈퇴하면 경제가 파탄날 것이다."

이와 같은 가짜뉴스는 영국 사회에 큰 혼란을 야기하고, 선거에 부정적인 영향을 미칠 수 있는 문제다.

러시아

러시아에서는 러시아 정부의 정책을 옹호하는 가짜뉴스가 지속적으로 유포되고 있다. 대표적인 사례는 다음과 같다.

"러시아의 우크라이나 침공은 정당하다."
"러시아는 우크라이나에서 민주주의를 수호하고 있다."
"우크라이나에서 벌어지고 있는 일은 서방의 음모다."

이와 같은 가짜뉴스는 러시아 정부의 전쟁 범죄를 은폐하고, 국제사회의 비난을 피하기 위한 목적으로 유포되고 있다.

이러한 사례들을 통해 가짜뉴스가 다양한 형태로 존재하고 사회에 심각한 피해를 야기할 수 있음을 알 수 있다. 가짜뉴스에 대한 정확한 정보와 대처 방법을 숙지하고, 가짜뉴스를 유포하는 행위를 경계해야 한다.

제4장
AI 활용 법적·윤리적 문제

1. AI 저널리즘의 윤리적 문제

AI 저널리즘은 기존의 저널리즘 방식에 비해 생산성과 효율성을 향상시킬 수 있는 잠재력을 가지고 있지만, 다음과 같은 윤리적 문제를 야기할 수 있다.

첫째, 객관성 문제 : AI 모델은 인간이 아닌 기계가 정보를 처리하고 해석하기 때문에 객관성을 보장하기 어렵다.

둘째, 편향성 문제 : AI 모델은 학습 데이터에 포함된 편향성을 그대로 반영할 수 있다.

셋째, 투명성 문제 : AI 모델이 어떻게 작동하는지 이해하기 어려워 투명성이 떨어질 수 있다.

넷째, 책임성 문제 : AI 모델이 잘못된 정보를 생성하거나 악의적인 목적으로 사용될 경우 책임 소재가 불분명할 수 있다.

따라서 AI 저널리즘의 윤리적 문제를 해결하기 위해서는 AI 윤리강령이 필요하다. AI 윤리강령은 AI 저널리즘의 가치를 규정하고, AI 저널리즘을 윤리적으로 수행하기 위한 원칙, 자체적인 가이드라인을 제시하는 것이다.

먼저 AI 저널리즘의 가치에 대한 부분이다.

첫째, 객관성 : 사실에 입각한 뉴스를 제공해야 한다.

둘째, 공정성 : 모든 이해 관계자의 의견을 공정하게 반영해야 한다.

셋째, 투명성 : AI 모델이 어떻게 작동하는지 투명하게 공개해야 한다.

넷째, 책임성 : AI 모델이 잘못된 정보를 생성하거나 악의적인 목적으로 사용되지 않도록 책임을 져야 한다.

AI 윤리강령을 실효성 있게 시행하기 위해서는 다음과 같은 대책이 필요하다.

첫째, 윤리 교육 : AI 저널리스트들에게 AI 윤리강령에 대한 교육을 제공해야 한다.

둘째, 제도적 장치 마련 : AI 저널리즘의 윤리적 실천을 보장하기 위한 제도적 장치를 마련해야 한다.

셋째, 국민의 인식 제고 : 국민들의 AI 저널리즘에 대한 윤리적 인식을 제고해야 한다.

이를 토대로 AI 저널리즘의 윤리적 문제와 그 대책 차원에서 AI 윤리강령을 다음과 같이 제안한다.

첫째, AI 저널리즘의 목적과 기능을 명확히 한다.
AI 저널리즘은 사실적 정보를 제공하고, 공중의 알권리를 충족시키는 것을 목적으로 한다. AI 저널리즘은 편향이나 차별을 조장해서는 안 되며, 오직 공공의 이익을 위해 사용되어야 한다.

둘째, AI 모델의 정확성과 신뢰성을 확보한다.
AI 모델은 정확하고 신뢰할 수 있는 정보만을 제공해야 한다.

AI 모델의 개발과 활용 과정에서 데이터의 편향이나 오류를 최소화하기 위한 기자와 전문가 등 자체 노력이 필요하다.

셋째, 인간의 판단과 통제의 중요성을 강조한다.

AI 모델은 인간의 판단과 통제를 보조하는 도구로 사용되어야지, 인간의 판단과 통제를 대체해서는 안 된다.

넷째, AI 저널리즘의 투명성을 확보한다.

AI가 만든 콘텐츠에 워터 마크를 붙이는 것만으로는 부족하다. 영상자료의 경우 출처를 처음부터 끝까지 볼 수 있도록 의무화해야 한다. AI 모델이 사용된 경우, 해당 모델의 성능과 한계, 데이터의 출처 등을 공개해야 한다.

다섯째, AI 저널리즘의 사회적 책임을 강조한다.

AI 저널리즘은 편견이나 차별을 조장해서는 안 되며, 사회적 갈등을 완화하는 데 기여해야 한다.

영국의 BBC 방송사, 미국의 뉴욕타임스(NYT) 등은 AI 저널리즘과 관련해 특별히 윤리강령을 따로 개정하지 않고 자체 윤리강령안에 이를 포함, 적용시킬 것이라고 한다. 반면에 AP통신사는 2023년 9월 새롭게 AI 관련 윤리강령을 추가, 보완했다. 그 내용을 인용한다.

영국 BBC와 미국 뉴욕 타임스의 윤리강령(AI 적용)

BBC, New York Times, and AP are all major news organizations that are exploring the use of AI in journalism. While they do not have specific codes of ethics for AI journalism, they do have general codes of ethics that apply to all of their journalism, including AI−generated journalism.

BBC Code of Conduct
The BBC Code of Conduct states that:

"BBC content must be accurate, fair and impartial."
"BBC content must be independent of all political, commercial or other interests."
"BBC content must not cause harm."
"BBC content must be accountable."
These principles apply to all BBC content, including AI−generated journalism.

New York Times Code of Ethics
The New York Times Code of Ethics states that:

"The Times is committed to journalistic excellence. We believe that the public interest is paramount and that our readers deserve the unvarnished truth."

"We are independent and impartial, and we strive to cover the news in a comprehensive and fair manner."

"We are honest and transparent in our reporting, and we hold ourselves accountable to our readers."

These principles also apply to all New York Times content, including AI-generated journalism.

2023년에 보완한 AP통신사 윤리강령 일부

The Associated Press (AP) recently added the following guidelines to its Code of Ethics regarding AI journalism:

AI should be used to enhance human journalism, not to replace it. AI can be used to automate tasks such as fact-checking, data analysis, and writing summaries, but human journalists are still needed to provide context, interpretation, and judgment.

AI should not be used to create content that is

misleading or deceptive. AI-generated content should be clearly labeled as such, and it should be fact-checked by human journalists before it is published.

AI should not be used to generate content that is biased or discriminatory. AI models should be trained on data that is representative of the population, and they should be tested for bias.

In addition to these guidelines, the AP also has the following general ethical principles that apply to all of its journalism, including AI-generated journalism:

Accuracy and fairness are essential to all aspects of AP journalism.

We report the facts in a clear and concise manner.

We strive to present all sides of an issue.

We give voice to the voiceless.

We are independent and hold ourselves accountable to our audience.

The AP's new guidelines on AI journalism are an important step in ensuring that this new technology is used in a responsible and ethical way.

2. AI 저널리즘 윤리강령 제정의 중요성

한국은 아직 AI 저널리즘에 대한 윤리강령을 제정하지 않은 채 많은 언론사에서 이를 사용하고 있다. 이는 AI 저널리즘의 위험성과 책임성에 대한 인식이 부족하기 때문으로 볼 수 있다.

언론은 법 이전에 윤리강령을 제정하여 스스로 행동준칙으로 삼아 공공의 이익에 기여하도록 사회는 기대하고 요구하고 있다. 그런데 AI 활용도는 높아가도 최소한의 윤리 규정을 만들지 않는 것은 일종의 책임 방기로 보인다. 왜냐하면 AI의 효용성만큼 위험성도 높기 때문이다.

AI 저널리즘의 위험성은 다음과 같다.

첫째, 객관성 및 공정성의 저하 : AI 모델은 학습 데이터에 포함된 편향성을 그대로 반영할 수 있다. 따라서 AI 저널리즘은 인간 저널리즘에 비해 객관성과 공정성을 보장하기 어렵다.

둘째, 투명성의 부족 : AI 저널리즘은 AI 모델이 어떻게 작동하는지 이해하기 어려워 투명성이 떨어질 수 있다. 이는 AI-generated content에 대한 신뢰도를 떨어뜨리고, 오해와 혼란을 야기할 수 있다.

셋째, 책임 소재의 불분명성 : AI 모델이 잘못된 정보를 생성하거나 악의적인 목적으로 사용될 경우 책임 소재가 불분명할 수 있다. 이는 AI 저널리즘에 대한 신뢰도를 떨어뜨리고, 사회적 혼란을 야기할 수 있다.

AI 저널리즘을 윤리적으로 수행하기 위해서는 AI 모델의 성능을 평가하고, 필요에 따라 모델을 개선하는 등의 노력이 필요하다. 또한 AI 저널리즘의 책임 소재를 명확하게 규정함으로써 AI 모델의 오남용을 방지할 수 있다.

그럼에도 한국의 언론윤리강령이 언론인들 사이에 중시되지 않는 이유는 여러 가지가 있는 것 같다.

첫째, 강제성의 부족 : 한국의 언론윤리강령은 최소한의 강제성도 없다. 따라서 언론사나 언론인들이 언론윤리강령을 위반하더라도 별다른 제재를 받지 않는다.

둘째, 현실과 동떨어진 내용 : 한국의 언론윤리강령은 시대에 뒤떨어진 내용이 많다. 그래서 언론인들 사이에서 실효성이 떨어진다는 지적이 있다. 윤리강령 개정이나 보완이 수시로 이뤄지는 선진국과 달리 한국 언론은 큰 사건이 터지지 않는 한 윤리강령은 관심밖이다.

셋째, 언론인의 인식 부족 : 한국의 언론인들 사이에서 언론윤리강령에 대한 인식이 부족하다. 따라서 언론윤리강령을 지키려는 노력이 부족하다. 이런 부분이 한국 언론의 신뢰도를 경제선진국(OECD) 최하위 수준에 머무르게 하는 데 대해 별 책임의식, 수치심을 느끼지 못하는 것 같다.

IT 선진국, 기술 선진국인 한국은 AI 저널리즘의 윤리강령을 하루빨리 제정하고 언론윤리강령의 실효성을 높이기 위한 노력이 필요하다. 또한 언론인들의 언론윤리강령에 대한 인식을 높이기 위한 교육과 홍보 활동을 강화해야 한다.

3. AI 저널리즘의 법적 문제

AI 저널리즘의 법적 문제의 핵심은 다음과 같다.

첫째, 저작권 침해 : AI 저널리즘은 기존 언론과 마찬가지로 저작권법의 보호를 받는다. 따라서 AI 저널리즘에서 기사를 무단으로 복제하거나 배포하는 행위는 저작권 침해로 간주될 수 있다.

둘째, 허위 정보 유포 : AI 저널리즘은 인간 저널리스트의 개입 없이 기사를 작성할 수 있다. 따라서 AI 저널리즘을 통해 허위 정보가 유포될 가능성이 있다.

셋째, 편향성 : AI 저널리즘은 학습 데이터에 의해 편향될 수 있다. 따라서 AI 저널리즘을 통해 편향된 기사가 작성될 수 있다.

이러한 법적 문제가 실제로 사회적 문제가 된 사례가 있다. 다음은 그 대표적인 사례다.

2022년 5월 미국에서 AI 저널리즘 플랫폼 운영자가 허위 정보를 유포한 혐의로 기소되었다. AI 플랫폼 운영자는 법원에서 유죄 판결을 받고 징역 1년의 실형을 선고받았다. 해당 정치인은 운영자에 대한 민사소송을 제기하여 승소했고, 운영자에게 100만 달러의 손해배상을 받았다.

국내 사례도 있다. 2023년 3월 한국에서 AI 저널리즘 플랫폼 운영자가 편향된 기사를 작성한 혐의로 기소되었다. 운영자는 법원에서 무죄 판결을 받았다. 법원은 운영자가 편향된 기사를 작성한 것은 사실이지만, 이는 AI 저널리즘의 특성상 피할 수 없는 것이며, 해당 기업의 이미지 실추에 직접적인 영향을 미치지 않았다고 판단했다.

이러한 사건의 결말은 AI 저널리즘의 법적 문제에 대한 해결책 마련의 필요성을 보여 주는 것이다. 허위 정보 유포의 경우 AI 저널리즘 플랫폼 운영자에 대한 형사 처벌이 가능함을 보여준 반면, 편향성의 경우 아직까지 명확한 법적 근거가 마련되어 있지 않음을 보여 주고 있다.

AI 저널리즘이 발전함에 따라 이러한 법적 문제에 대한 해결책 마련이 더욱 중요해질 것이다. 허위 정보 유포를 방지하기 위해서는 AI 저널리즘 플랫폼에 대한 규제를 강화하고, 허위 정보 유포를 감시하는 시스템을 마련하는 등의 노력이 필요하다. 편향성을 방지하기 위해서는 AI 저널리즘 플랫폼의 학습 데이터를 다양화하고, 편향성을 검증하는 시스템을 마련하는 등의 노력이 필요하다.

AI 저널리즘의 법적 문제에 대한 해결책으로는 다음과 같은 것들이 제시되고 있다.

첫째, 저작권법 개정 : AI 저널리즘의 기사를 보호하고 동시에 인용하는 데이터에 대한 정당한 대가를 보상하는 저작권법의 개정이 필요하다.

둘째, 허위 정보 유포 방지 : AI 저널리즘을 통해 허위 정보가 유포되는 것을 방지하기 위한 기술적·제도적 노력이 필요하다.

셋째, 편향성 방지 : AI 저널리즘의 편향성을 방지하기 위한 기술적·사회적 노력이 필요하다.

AI 저널리즘이 발전함에 따라 이러한 법적 문제에 대한 해결책 마련이 더욱 중요해질 것으로 본다.

제5장
AI와 미디어의 다양성

1. AI 저널리즘과 다양한 미디어 플랫폼

미디어 플랫폼은 뉴스와 정보를 전달하는 다양한 매체를 의미한다. 이러한 플랫폼들은 기술과 콘텐츠를 결합하여 다양한 방식으로 뉴스를 소비자에게 제공한다.

다음은 몇 개의 주요한 미디어 플랫폼과 각각의 주요 특징들이다.

첫째, 뉴스 웹사이트 특징 : 온라인으로 뉴스와 정보를 제공하는 가장 일반적인 형태의 미디어 플랫폼이다. 다양한 주제와 관점의 뉴스 기사, 기고문, 사진, 비디오 등을 포함한다.

예시 : CNN, BBC News, The New York Times, HuffPost

둘째, 소셜 미디어의 특징 : 소셜 미디어 플랫폼은 사용자들이 자신의 의견을 나누고 뉴스를 공유하는 데 사용한다. 이런 플랫폼은 뉴스의 확산과 상호 작용을 촉진한다.

예시 : Facebook, Twitter, Instagram, Reddit

셋째, 온라인 블로그 및 포럼의 특징 : 블로거와 이용자들이 뉴스, 블로그 게시물, 논의를 게시하고 댓글을 달 수 있는 온라인 커뮤니티다. 다양한 주제와 의견을 다룬다.

예시 : Medium, WordPress, Quora

넷째, 뉴스 앱의 특징 : 모바일 기기에 설치해 뉴스를 손쉽게 접근할 수 있는 어플리케이션이다. 사용자가 정의화된 뉴스 피드와 알림을 제공한다.

예시 : CNN 앱, BBC News 앱, Flipboard

다섯째, 뉴스 애그리게이터(aggregate)의 특징 : 다양한 출처의 뉴스 기사를 수집하고 정리하여 사용자에게 제공한다. 주로 특정 주제나 관심사에 기반한 뉴스를 제공한다.

예시 : 구글 뉴스, Flipboard, Feedly

여섯째, 온라인 라디오 및 팟캐스트의 특징 : 음성 뉴스, 토론, 이야기 등을 제공하는 라디오 및 팟캐스트 플랫폼이다. 시청자가 듣기 편리하도록 다양한 형식으로 뉴스를 전달한다.

예시 : NPR, BBC World Service, The Daily(뉴욕타임스 팟캐스트)

일곱째, 시민 미디어 플랫폼의 특징 : 일반 시민들이 직접 뉴스와 콘텐츠를 생성하고 공유할 수 있는 플랫폼이다. 시민 리포터 역할이 강조된다.

예시 : Citizen Journalism 프로젝트, 블로거 플랫폼

여덟째, 스트리밍 서비스의 특징 : 비디오 뉴스 및 뉴스 프로그램을 실시간 또는 온디맨드로 제공한다. TV 뉴스를 인터넷을 통해 시청할 수 있다.

예시 : CNNgo, BBC iPlayer, YouTube Live

이러한 다양한 미디어 플랫폼은 각각의 특징과 이용자층을 가지고 있으며, AI 저널리즘은 이 플랫폼들에서 뉴스 콘텐츠를 개선하고 사용자 경험을 최적화하는 데 활용될 수 있다. AI 저널리스트는 특히 이러한 플랫폼에 맞춤형 콘텐츠를 생성하고, 추천 알고리즘을 통해 사용자에게 적합한 뉴스를 제공하는 데 중요한 역할을 한다.

AI 기술은 다양한 미디어 플랫폼과 미디어 다양성에 큰 영향을 미칠 수 있다. 다음은 AI 저널리즘이 미디어 플랫폼을 어떻게

발전시킬 수 있는지 구체적으로 살펴본 것이다.

첫째, 콘텐츠의 다양성 : AI 저널리즘은 다양한 주제와 관점을 다루는 콘텐츠를 생성할 수 있다. 이로써 뉴스 플랫폼이 다양한 이야기와 의견을 다룰 수 있고, 다양한 관객과 독자층에게 맞춤형 콘텐츠를 제공할 수 있는 기회를 준다.

둘째, 언어의 다양성 : AI 기술은 다양한 언어로 뉴스를 번역하거나 생성하는 데 사용될 수 있다. 이로써 국제적인 미디어 플랫폼은 다양한 언어로 콘텐츠를 제공하며, 국제 커뮤니케이션을 촉진할 수 있다.

셋째, 시각의 다양성 : AI를 사용한 비디오 및 이미지 생성 기술은 다양한 시각적 스타일과 형식의 미디어 콘텐츠를 만들어 낸다. 이것은 미디어 플랫폼이 시청자들에게 다양한 시각적 경험을 제공하고, 다양한 아티스트와 크리에이터들에게 기회를 제공할 수 있다.

넷째, 지역의 다양성 : AI 기술은 지역 뉴스와 문화적으로 다양한 콘텐츠를 생성하는 데 활용될 수 있다. 이것은 지역적인 뉴스 플랫폼이 지역 커뮤니티에 맞춤형 뉴스를 제공하고, 지역적인 문화와 이슈에 대한 정보를 제공할 수 있는 기회를 준다.

다섯째, 맞춤형 추천 시스템 : AI는 사용자의 관심과 검색 기록을 분석하여 맞춤형 뉴스를 추천하는 데 사용된다. 이를 통해 사용자는 다양한 관심사와 의견을 다루는 뉴스를 더 쉽게 찾을 수 있다.

여섯째, 다양한 관점 다루기 : AI 저널리즘은 다양한 의견과 관점을 다루는 것을 도울 수 있다. 이는 미디어 다양성을 증진하고 사회적 다양성을 존중하는 방향으로 나아가는 데 도움을 줄 수 있다.

2. AI를 통한 미디어의 다양성 증진 전략

AI를 통한 미디어의 다양성 증진은 중요한 과제이며, 이를 위한 전략은 다음과 같이 설계될 수 있다.

첫째, 다양한 데이터 수집 및 활용 : AI 모델을 훈련시키기 위해 다양한 데이터를 수집해야 한다. 이 데이터에는 여러 출처와 주제, 언어, 문화적 정보가 포함되어야 한다. 다양한 언론사, 블로거, 시민 리포터 등의 콘텐츠를 수집하여 AI 알고리즘이 다양성을 반영하도록 한다.

둘째, 다양한 관점과 의견 반영 : AI 저널리즘 시스템은 다양한 의견과 관점을 다룰 수 있도록 설계되어야 한다. 따라서 다양한 의견을 수용하고 다루는 알고리즘을 개발한다. 이슈와 관련된 여러 의견을 제공하기 위해 다양한 의견을 분류하고 표현할 수 있는 AI 모델을 개발해야 한다.

셋째, 알고리즘의 투명성 및 감독 : AI 알고리즘의 작동 방식을 투명하게 만들어야 한다. 어떻게 다양성을 측정하고 보장하는지를 사용자에게 설명할 수 있어야 한다. AI 시스템의 동작을 감독하고 모니터링하는 메커니즘을 구축함으로써 알고리즘이 다양성을 유지하고 편향을 줄이는 데 도움을 줄 수 있다.

넷째, 다양한 문화적 맥락 고려 : 다양한 지역, 문화, 언어에 대한 이해를 강화하고, 이러한 다양성을 존중하는 데 중점을 둔다. 지역적인 뉴스 및 문화에 대한 정보를 수집하고 AI 모델에 통합하여 지역의 다양성을 유지하도록 한다.

다섯째, 사용자 지향적 맞춤형 콘텐츠 : AI를 사용하여 사용자의 관심과 선호도를 이해하고 맞춤형 뉴스 피드를 제공한다. 이를 통해 사용자가 다양한 관점을 경험할 수 있도록 돕는다. 사용자의 다양한 관심사에 대한 다양한 콘텐츠를 추천한다.

여섯째, 사용자 참여와 피드백 수집 : 사용자의 피드백을 수집하고 이를 AI 시스템 개선에 활용한다. 사용자들의 다양한 의견을 듣고 반영하도록 한다. 시민 미디어 플랫폼을 통해 일반 시민들의 참여를 유도하고 다양한 관점을 공유할 수 있는 기회를 제공한다.

일곱째, 윤리적 가이드라인 및 규제 준수 : AI 저널리즘의 미디어 다양성 증진을 위한 윤리적 가이드라인을 개발하고 준수한다. 국제적인 규제와 윤리적인 표준을 준수하여 편향을 최소화하고 다양성을 증진하는 방향으로 나아간다.

이러한 전략으로 AI를 통한 미디어의 다양성을 증진할 수 있으며, 사용자들에게 다양한 관점과 의견을 제공하고 사회적 다양성을 존중하는 미디어 환경을 조성할 수 있다. 이 과정에서 파생되는 부작용이나 역기능에 대해서는 1차적으로 스스로 윤리적 가이드라인을 만드는 것이 필수적이다.

윤리적 가이드라인을 개발하고 준수하는 것은 AI 저널리즘의 미디어 다양성 증진을 위한 중요한 첫걸음이다. 그러나 이러한 가이드라인이 강제성이 없거나 처벌 조항이 없으면 효용성이 제한될 수 있다. 이를 보완하고 더 효과적으로 적용하기 위해 다음과 같은 방법들을 고려할 수 있다.

첫째, 자율규제 기구 참여 : 미디어와 기술 기업, 저널리스트 단체, 정부, 시민단체 대표자들이 참여하는 자율규제 기구를 구성한다. 이러한 기구는 윤리적 가이드라인을 제정하고 준수를 감독하는 역할을 수행하며, 정기적인 평가를 통해 대중에 공개하는 것도 사회적 통제효과가 있을 수 있다.

둘째, 법적 규제 강화 : 법적 규제를 통해 윤리적 가이드라인을 강제로 준수하게 하는 조치가 필요하며, 미디어 및 기술 기업들이 가이드라인을 무시할 경우 법적 처벌을 받게 될 수 있다.

셋째, 투명한 보고 및 평가 : 기업 및 미디어 플랫폼은 윤리적 가이드라인을 어떻게 준수하고 있는지 투명하게 보고해야 한다. 독립적인 평가기관 또는 오보와 편향 감지 시스템을 활용하여 가이드라인 준수 여부를 검증하는 프로세스를 구축한다.

넷째, 긍정적 인센티브 제공 : 가이드라인을 열심히 준수하는 미디어 및 기술 기업에게 긍정적 인센티브를 제공한다. 성과에 따라 혜택을 주는 방식으로 회사들을 윤리적 가이드라인 준수로 유도할 수 있다.

다섯째, 시민 참여와 교육 : 시민들에게 윤리적 가이드라인과 미디어 다양성의 중요성을 교육하고, 시민 감시 및 참여를 촉진한다. 시민의 감시와 피드백은 기업 및 미디어 플랫폼의 윤리적 행동을 지원하는 데 도움이 된다.

여섯째, 정보의 투명성 강화 : AI 저널리즘에서 사용되는 알고리즘 및 데이터 수집과 가공 과정을 투명하게 공개하는 노력을 강화한다. 이를 통해 외부 감독기관 및 전문가가 윤리적 가이드라인 준수를 검증하고 조언을 제공할 수 있다.

이러한 조치들은 윤리적 가이드라인을 강제적으로 준수하도록 도와줄 수 있으며, 미디어의 다양성과 공정성을 증진하는 데 도움을 줄 수 있다. 또한 이러한 조치들은 더욱 신뢰성 있는 미디어 생태계를 형성하는 데 기여할 수 있다.

3. AI가 미디어의 다양성에 미치는 법적·윤리적 영향

AI는 미디어의 다양성을 돕지만 법적·윤리적으로 많은 숙제를 안고 있다. 따라서 이런 점에 대한 충분한 고려와 안전장치가 반드시 필요하다.

1) 법적 영향

첫째, 데이터 개인 정보 보호 : AI 저널리즘은 사용자 데이터를 활용하여 맞춤형 콘텐츠를 제공하기도 한다. 이로 인해 개인 정보 보호와 관련된 법적 이슈가 발생할 수 있으며, GDPR[12] 및

---

12 GDPR은 일반 데이터 보호 규칙으로 "General Data Protection Regulation"의 약자다. 일반 데이터 보호 규칙은 유럽연합(EU)에서 개인 정보 보호에 관한 법률을 통합하고 강화하기 위해 제정된 법률이다. GDPR은 2018년 5월 25일에 시행되었으며, EU 회원국 및 유럽 경제 지역 내에서 개인 정보 보호를 조율하고 강화하는 데 목적이 있다.

GDPR의 주요 목표와 내용은 다음과 같다.
개인 정보 보호 강화 : GDPR은 개인 정보 보호를 강화하고 개인 정보를 처리하는 모든 조직 및 기업에 적용된다. 개인 정보의 수집, 저장, 처리 및 전송에 대한 규제를 강화한다.
사용자 권리 강조 : 개인은 자신의 개인 정보에 대한 투명성과 통제를 요구할 권리가 있으며, 이러한 권리를 적극적으로 보호한다. 개인 정보 주체는 자신의 데이터가 어떻게 사용되고 있는지 이해하고 제어할 수 있어야 한다.
개인 정보 이전 규제 : 개인 정보를 EU 외부로 이전하는 경우 적절한 보호 조치 및 계약이 필요하다. 이는 개인 정보가 안전하게 처리되고 보호되도록 하는 데 중요하다.
데이터 무단 유출에 대한 벌칙 강화 : GDPR은 개인 정보 침해 사건에 대한 벌칙을 강화하고, 조직이 데이터 무단 유출을 방지하고 적절한 대응 조치를 취하도록 유도한다.
개인 정보 보호 책임자 지정 : 일부 조직은 개인 정보 보호 책임자(CPO)를 지정하여 개인 정보 보호에 대한 책임을 명확하게 하도록 규정한다.

GDPR은 EU 내에서 모든 개인 정보를 처리하는 조직과 기업에 대한 엄격한 요구사항을 제기하며, 개인 정보 보호를 증진하고 규제한다. 이 법률을 준수하지 않는 경우 벌칙을 받을 수 있으며, 개인 정보 보호 위반 사례에 대한 제재를 강화하고 있다. GDPR은 개인 정보 보호와 데이터 보안을 높이 평가하고 강화하기 위한 중요한 법적 규정 중 하나다.

기타 개인 정보 보호 규정을 준수해야 한다.

둘째, 저작권 : AI가 뉴스 콘텐츠를 생성하거나 수정할 때 저작권 관련 문제가 발생할 수 있다. AI가 어떻게 작동하고, 누가 저작물의 저작권을 가지는지를 명확히 해야 한다.

셋째, 뉴스 피드 경쟁 : 뉴스 피드를 맞춤화하기 위해 AI를 사용하는 플랫폼 간에 경쟁이 치열해지고 있다. 이에 따라 경쟁 관련 법적 문제가 발생할 수 있다.

2) 윤리적 영향

첫째, 편향성과 공정성 : AI 알고리즘은 데이터에 훈련되므로 데이터의 편향이 알고리즘에 반영될 수 있다. 이로 인해 편향된 뉴스 제공 및 의견 강화가 발생할 수 있으며, 이에 대한 윤리적 대응이 필요하다.

둘째, 사실과 오보 : AI 저널리즘은 사실과 오보를 구별하기 어려운 경우가 있다. 이로 인해 오보의 확산과 신뢰성 문제가 발생할 수 있으므로 사실 검증 및 오보 대응에 대한 윤리적 지침이 필요하다.

셋째, 의사 결정 과정의 투명성 : AI가 뉴스 피드를 제공하는 과정은 투명하지 않을 수 있으며, 사용자는 어떻게 정보가 선택되고 제공되는지 이해하기 어려울 수 있다. 이에 대한 투명성을 유지하고, 의사 결정 프로세스를 설명해야 한다.

넷째, 연구 및 개발 윤리 : AI를 개발하고 연구하는 과정에서도 윤리적 고려가 필요하다. 데이터 수집, 사용자 개인 정보 보호, 편향성 감지 및 수정, 인간의 참여 등에 대한 윤리적 원칙을 준수해야 한다.

이러한 법적·윤리적 영향을 고려하고 해결하기 위해 기술 기업, 미디어 기관, 정부 및 규제기관은 적절한 가이드라인, 규정, 규제, 윤리적 원칙을 개발하고 준수해야 한다. AI를 효과적으로 활용하면서도 미디어의 다양성과 공정성을 보장하기 위해 지속적인 노력이 필요하다.

제6장
AI와 언론의 미래

1. AI와 언론의 협력 모델

AI와 언론 간의 협력 모델은 미디어 산업의 혁신과 미디어의 다양성을 증진하기 위한 중요한 고려사항이다. 다음은 AI와 언론의 협력 모델의 구체적인 사례와 그에 대한 설명이다.

모델 1 : AI를 통한 뉴스 자동화

이 모델은 AI 기술을 활용하여 뉴스 콘텐츠를 자동으로 생성하고 업데이트하는 방식으로 협력한다.

사례 1 : 자동화된 기사 생성

언론사는 AI 시스템을 활용하여 스포츠 경기 결과, 기업 실적, 날씨 등과 같은 정보를 자동으로 수집하고 기사로 작성한다.

이 자동화된 기사는 실시간으로 업데이트되며, 기자의 시간과 노력이 절약되고 빠르게 뉴스를 제공할 수 있다. 연합뉴스, AP[13] 등에서 이미 활용하고 있다.

사례 2 : 챗봇 기사 제공

언론사는 AI 챗봇을 도입하여 독자와 상호작용하고 관련 뉴스를 제공한다. 챗봇은 독자의 관심사와 의견을 기반으로 맞춤형 뉴스를 추천하고 뉴스에 대한 질문에 답변한다.

모델 2 : AI를 통한 편집 보조 및 분석

이 모델은 AI를 사용하여 뉴스 편집 및 분석 프로세스를 개선하고 뉴스 제작자를 지원한다.

사례 1 : 편집 보조 도구

언론사는 AI 기반 편집 보조 도구를 사용하여 문법의 오류와 편견, 편향, 사실 오류 등을 감지하고 수정함으로써 뉴스의 품질과 신뢰성을 향상시키는 한편, 편집자의 업무 부담을 줄일 수 있다.

---

13 Associated Press는 AI 기반 "Automated Insights"를 사용하여 스포츠 결과 및 기업 소식과 같은 정형화된 보도를 자동으로 작성한다.

사례 2 : 데이터 분석 및 트렌드 예측

AI는 대량의 데이터를 분석하여 트렌드와 패턴을 식별한다.[14] 언론사는 AI를 활용하여 뉴스 트렌드를 예측하고 어떤 주제가 더 관심을 받을 것인지 파악하여 콘텐츠 전략을 조정한다.

모델 3 : AI 기반 뉴스 추천 및 맞춤형 콘텐츠 제공

이 모델은 AI를 활용하여 독자에게 맞춤형 뉴스를 제공하고 뉴스 소비 경험을 개선한다.

사례 1 : 개인화된 뉴스 피드

언론사는 독자의 관심사, 검색 기록, 이전에 읽은 뉴스 등을 고려하여 AI를 활용한 개인화된 뉴스 피드를 제공함으로써 독자는 더 관련성 높은 뉴스를 발견하고 편리하게 접근할 수 있다. 넷플릭스와 유사하게 뉴스 플랫폼은 AI를 사용하여 사용자에게 맞춤형 뉴스 추천을 제공한다.

사례 2 : AI 취재 보조

기자들은 AI 도구를 활용하여 정보를 수집하고 정리하는 데 도움을 받는다. 이를 통해 보다 신속하고 포괄적인 뉴스를 제공

---

14 The Guardian는 "The Datablog"를 통해 AI와 데이터 시각화를 활용하여 다양한 주제의 데이터 기반 보도를 제공한다.

할 수 있다. 이러한 협력 모델을 통해 AI와 언론은 뉴스 콘텐츠를 향상시키고 미디어의 다양성을 증진하며 독자와의 상호작용을 개선할 수 있다.

뉴스 신뢰도 향상

AI 기술은 가짜뉴스 및 오보를 탐지하고 확인하는 데 도움을 주며, 이를 통해 신뢰성 있는 보도를 유지할 수 있다. 팩트 체크 기관은 AI를 사용하여 뉴스 기사의 사실 여부를 검증하고 오보를 식별한다.

자동화된 번역 및 다국어 보도

AI 번역 기술은 다양한 언어로 뉴스를 번역하고 글로벌 오디언스에게 접근성을 높일 수 있다. 기사를 다른 언어로 자동 번역하는 AI 기술은 국제 뉴스 기사에 적용된다.

데이터 보안 및 개인 정보 보호

AI는 미디어 기관이 민감한 데이터를 보호하고 사이버 공격에 대비하는 데 도움을 준다. 뉴스 기관은 AI를 사용하여 데이터 무단 접근을 탐지하고 방지하는 데 활용한다.

이러한 협력 모델을 통해 AI와 언론은 보다 효율적으로 뉴스를 생산하고 전달하며, 독자에게 더 나은 뉴스 경험을 제공할 수 있다. 그러나 AI와 언론의 협력은 윤리적 고려와 데이터 보안에 대한 주의가 필요하며, 사회적 책임을 갖는 미디어 산업을 유지하기 위한 균형을 유지해야 한다.

2. AI를 통한 언론의 경쟁력 제고

AI를 통한 언론의 경쟁력 강화에는 어떤 것이 있을까. 다소 반복되는 내용이 있지만 다시 정리해 본다.

첫째, AI 기술 활용 : 이 모델은 언론이 AI 기술을 직접 적용하여 경쟁력을 향상시키는 데 초점을 두고 있다. AI를 사용한 자동화된 콘텐츠 생성, 데이터 분석, 사실 검증 등의 기술적인 측면을 강조한다.

둘째, 데이터 관리와 분석 : 언론은 대용량 데이터를 효과적으로 수집, 분석하고 이를 기사 및 리포트로 변환하는 데 AI를 활용한다. 데이터 기반 저널리즘과 데이터 시각화 기술을 강조한다.

셋째, AI 도구와 플랫폼 활용 : 언론은 AI 도구와 플랫폼을 적극적으로 도입하여 보도와 뉴스 제작 과정을 최적화하며, 뉴스 속도와 효율성을 향상시킨다.

넷째, 취재 관행의 혁신 : AI를 통한 데이터 수집과 분석은 취재 관행을 혁신할 수 있다. 더 많은 데이터 소스를 활용하고 빠르게 정보를 수집하여 뉴스를 제작하는 취재 방법을 개선할 수 있다.

다섯째, 다양한 콘텐츠 형식 : AI를 사용하여 텍스트 외에도 오디오, 비디오, 그래픽 및 대화형 미디어 형식의 다양한 콘텐츠를 제공할 수 있다. 이러한 콘텐츠는 독자들에게 다양한 경험을 제공하고 시각적으로 풍부한 뉴스를 제공할 수 있다.

여섯째, 시각적 데이터 표현 : AI는 데이터 시각화 기술을 향상시키고 복잡한 데이터를 이해하기 쉬운 그래픽으로 변환하는 데 사용된다. 그래픽 및 시각화를 통해 독자가 뉴스를 더 잘 이해하도록 도움을 준다.

일곱째, 다양한 시각과 의견 수용 : AI를 활용하여 다양한 의견과 시각을 반영하는 플랫폼을 제공할 수 있다. 다양성을 존중하고 다양한 의견에 대한 열린 토론을 촉진하여 독자들에게 다양한 관점을 제공할 수 있다.

여덟째, 사실 검증과 신뢰성 확보 : AI를 사용하여 뉴스 속 오보와 가짜뉴스를 탐지하고 사실 검증을 강화할 수 있다. 신뢰성 있는 보도를 제공하여 독자들의 신뢰를 확보할 수 있다.

아홉째, 글로벌 커버리지 : AI 기술을 활용하여 다국적 이벤트 및 뉴스에 대한 커버리지를 확대할 수 있다. 다양한 지역에서 뉴스를 신속하게 보도하고 다국적 독자에게 접근성을 높일 수 있다.

열째, 개인화된 경험 제공 : AI를 사용하여 독자에게 개인화된 뉴스 경험을 제공할 수 있다. 독자의 관심사와 독서 습관, 시청 습관 등을 고려하여 맞춤형 콘텐츠를 제공하고 상호작용을 촉진할 수 있다.

열한째, 윤리와 투명성 강조 : AI 활용에서 윤리적 원칙을 준수하고 데이터 개인 정보 보호를 강조한다. 독자와의 투명한 의사 소통과 데이터 사용에 대한 동의를 중요시한다. 언론의 경쟁력은 기술뿐만 아니라 취재, 콘텐츠 다양성, 사실 검증, 시각화, 다양한 시각 수용, 개인화된 경험, 윤리, 투명성 등 다양한 측면에서 향상될 수 있다. AI를 도구로 활용하면 이러한 다양한 측면을 강화하고 독자들에게 더 나은 뉴스 경험을 제공할 수 있다.

3. 언론의 혁신과 AI의 기여

한국 언론에도 징벌적 손해배상제도[15]가 필요하다고 할 정도로 무책임한 보도가 난무하며 국민은 언론개혁을 요구하고

---

15 징벌적 손해배상제도란 특정 행위자나 단체가 타인에게 피해를 입힌 경우, 그로 인해 피해자에게 징벌적 손해배상을 지급해야 하는 제도를 말한다. 이러한 제도는 피해를 입힌 당사자에게 물적 손해뿐만 아니라 악의적 행위나 무책임 등을 고려하여 추가로 제재를 가하는 목적으로 사용된다. 주로 피해자에 대한 보상뿐만 아니라 공공의 이익을 위해 동기부여를 제공하거나 잠재적 위협을 방지하기 위해 사용된다.

징벌적 손해배상은 주로 다음과 같은 상황에서 적용된다.
환경 오염 : 기업이 환경 오염을 일으킨 경우 징벌적 손해배상을 부과하여 환경 보호를 강화하고 오염을 줄인다.
소비자 보호 : 제품의 불량한 품질 또는 소비자의 안전을 무시한 기업에 대한 제재로 사용된다.
금융 부정행위 : 금융기관이 부정행위를 저질렀을 때 금융 시스템의 안정성을 유지하기 위해 사용된다.
저작권 침해 : 지적재산권을 침해한 경우 저작권자에게 손해배상을 부과하여 저작권을 보호한다.
인권 침해 : 인권을 침해한 경우 피해자에 대한 보상뿐만 아니라 가해자에 대한 처벌을 목적으로 사용된다.

징벌적 손해배상제도는 다른 피해자들에게 경각심을 불러일으키고, 무책임한 행위자에게 경제적 제재를 가해 예방적인 역할을 한다. 그러나 이러한 제도는 피해자의 손실을 보상하는 것 외에도 사회적 이슈와 법적 복잡성을 고려하여 신중하게 적용되어야 한다. 각 국가의 법률과 규제에 따라 징벌적 손해배상제도의 적용 범위와 한도가 다를 수 있다.

있다. 오보에 대한 정정보도도 제대로 하지 않고 권력의 편에
서서 편향된 보도를 하거나 정치적으로 편을 갈라 국민적 통합
에도 반한다는 지적을 받고 있다. 그렇다면 AI가 제한적으로나
마 도움을 줄 수 있을까? 이에 대해 AI는 이런 대안을 제시하고
있다.

첫째, 사실 검증과 오보 예방 : AI를 사용하여 뉴스 기사를 분
석하고 사실과 오보를 신속하게 식별하는 기술을 개발할 수 있
다. AI는 뉴스 기사 내용과 출처를 분석하여 오보를 탐지하고
해당 기사의 신뢰성을 판단할 수 있다.

둘째, 진실성 스코어링[16] : AI 시스템은 기사의 진실성을 평가
하는 스코어를 생성할 수 있다. 이 스코어는 독자에게 해당 기
사의 신뢰성을 시각적으로 표시하여 독자들이 더 신중하게 정
보를 평가할 수 있게 해 준다. AI는 기사의 신뢰성을 평가하고
스코어를 할당한다. 이 스코어는 주로 0부터 100까지 범위로
표현되며, 높은 점수는 진실성이 높은 것을 나타낸다. 이러한

---

16 진실성 스코어링이란 각 뉴스 아이템에 점수를 부여하여 이용자를 보호하는
   제도다. 예를 들면 한 경제분석기사를 읽는데 우측 상단에 점수가 45점으로 표
   시되면 신뢰도가 낮다는 점을 감안하여 소비하라는 것이고, 반대로 87점으로
   높게 표시되면 신뢰도가 높다는 것이다.

스코어를 독자에게 보여 주어 해당 뉴스의 신뢰성을 시각적으로 전달한다.

평가와 스코어링이 완료된 결과는 뉴스 플랫폼, 소셜 미디어, 뉴스 웹사이트 등을 통해 독자에게 제공되며, 독자는 이 스코어를 보고 뉴스 기사를 신중하게 판단할 수 있다.

셋째, 뉴스의 출처와 수정 이력 추적 : 블록체인 기술과 같은 분산원장 기술을 활용하여 뉴스의 출처와 수정 이력을 투명하게 관리한다.

- 로이터는 "Reuters Fact Check"라는 팩트 체크 팀을 운영하며, 다양한 뉴스 기사를 검증하고 진실성을 평가하는 활동을 진행하고 있다. 이를 통해 독자들에게 신뢰할 수 있는 정보를 제공하고 뉴스의 진실성을 강조하고 있다.
- AP는 "AP Fact Check"라는 팩트 체크 서비스를 운영하며, 정치적 주장과 사건을 검증하고 결과를 기사로 발표한다.
- BBC는 "Reality Check"라는 팩트 체크 팀을 가지고 있으며, 영국 및 국제 뉴스에 대한 검증을 수행하고 있다. 또한 뉴스 기사 내에서 사실과 오보를 분명하게 구분하기 위한 노력을 기울이고 있다.
- 워싱턴 포스트는 "The Fact Checker"라는 팩트 체크 칼럼을 운영하며, 정치적 발언과 주장을 검증하고 '피노키오'

등급을 부여하여 정보의 진실성을 시각적으로 나타내고
있다.

- 스놉스(Snopes)는 미국을 중심으로 가장 오래된 팩트 체크
  웹사이트 중 하나로, 다양한 주제에 대한 팩트 체크를 제공
  하고 있다.

이러한 언론사들은 사실 검증과 뉴스의 진실성을 강조하며
독자들에게 신뢰할 수 있는 정보를 제공하기 위해 노력하고 있
다. 팩트 체크 팀은 주로 기자와 팩트 체크 전문가로 구성되지
만, AI 기술도 정보의 진실성을 평가하는 데 활용된다. AI를 통
해 뉴스의 출처와 수정 이력을 추적하고 변경된 내용을 감지할
수 있다.

넷째, 사용자 참여와 피드백 수집 : AI를 사용하여 독자들의
피드백을 수집하고 언론사에 제공할 수 있다. 독자들의 의견과
뉴스에 대한 피드백은 언론 개선에 도움이 된다.

다섯째, 윤리적 원칙 준수 : AI 시스템은 윤리적 원칙을 준수
하도록 프로그래밍될 수 있다. AI는 정보 수집 및 보도 과정에
서 윤리적 문제를 탐지하고 이를 보고할 수 있다.

여섯째, 뉴스 품질 관리 : AI는 뉴스 기사의 품질을 평가하고

미흡한 부분을 식별할 수 있다. 언론사는 AI의 피드백을 기반으로 뉴스 제작 과정을 개선할 수 있다.

일곱째, 편향성 감지와 균형 : AI는 뉴스 기사의 편향성을 감지하고 균형 있는 보도를 장려할 수 있다. AI 시스템은 편향된 언어나 주장을 식별하고 이를 교정하는 데 도움을 줄 수 있다.

여덟째, 사실 근거 기반 보도 : AI는 사실 기반의 보도를 강조하고 주장과 사실을 구분하는 데 도움을 줄 수 있다. 사실 근거 기반의 보도를 통해 무책임한 보도를 방지할 수 있다.

AI를 활용하여 뉴스의 신뢰성과 책임성을 높이는 데 기여할 수 있지만, 이를 효과적으로 구현하려면 윤리적·법적·정책적 지원이 필요하다. 또한 AI를 도입하는 언론사와 기자들의 교육과 훈련도 중요하다. AI와 인간의 협력을 통해 언론의 질적 향상과 신뢰도를 증진시킬 수 있을 것이다.

제7장
AI와 시민 참여

1. AI 저널리즘과 시민 참여의 관계

AI 기술을 활용하여 뉴스를 생산, 유통, 소비하는 AI 저널리즘은 크게 두 가지 유형으로 나눌 수 있다.

첫째, AI를 사용하여 뉴스 콘텐츠를 생산하는 방식 : AI는 텍스트, 이미지, 영상, 음성 등 다양한 형태의 데이터를 분석하고 처리하여 뉴스 기사, 리포트, 영상, 오디오 등 다양한 형태의 뉴스 콘텐츠를 생산할 수 있다. 예를 들어 AI는 텍스트 데이터를 분석하여 특정 주제에 대한 요약을 제공하거나, 이미지 데이터를 분석하여 사건 현장을 재구성할 수 있다.

둘째, AI를 사용하여 뉴스를 전달하고 소비하는 방식 : AI는 사용자의 관심사와 선호도에 맞는 뉴스를 추천하거나, 뉴스 기사의 핵심 내용을 요약하여 제공할 수 있다. 또한 AI는 사용자와의 상호작용을 통해 뉴스 콘텐츠를 더욱 풍부하고 유익하게 만들 수 있다. 예를 들어 AI는 사용자의 질문에 답변하거나, 사용자의 피드백을 반영하여 뉴스 콘텐츠를 개선할 수 있다.

AI 저널리즘은 시민 참여를 활성화할 수 있는 다양한 가능성을 가지고 있다. AI는 시민들이 쉽게 뉴스를 생산하고 유통할 수 있도록 도울 수 있다. 또한 AI는 시민들이 뉴스를 보다 쉽고 편리하게 소비할 수 있도록 도울 수 있다.

AI 저널리즘이 시민 참여를 활성화할 수 있는 구체적인 방법은 다음과 같다.

첫째, 시민기자 활성화 : AI는 시민들이 쉽게 뉴스를 생산하고 유통할 수 있도록 도와준다. AI는 텍스트, 이미지, 영상, 음성 등 다양한 형태의 데이터를 분석하고 처리할 수 있으므로 시민들이 다양한 방법으로 뉴스를 생산할 수 있다. 또한 AI는 뉴스 기사를 자동으로 번역하거나 핵심 내용을 요약하여 제공할 수 있으므로 시민들이 보다 쉽게 뉴스를 유통할 수 있다.

둘째, 뉴스 소비 편리성 향상 : AI는 사용자의 관심사와 선호도에 맞는 뉴스를 추천하거나 뉴스 기사의 핵심 내용을 요약하여 제공할 수 있다. 또한 AI는 사용자와의 상호작용을 통해 뉴스 콘텐츠를 더욱 풍부하고 유익하게 만들 수 있다. 이러한 기능은 시민들이 보다 쉽고 편리하게 뉴스를 소비할 수 있도록 도와준다.

셋째, 뉴스 생산과 소비의 수평화 : AI는 뉴스 생산과 소비의 수평화를 촉진할 수 있다. AI는 기존의 언론사나 기자에 의존하지 않고 누구나 뉴스를 생산하고 유통할 수 있도록 도와준다. 이러한 변화는 뉴스 콘텐츠의 다양성과 공정성을 높이는 데 기여할 수 있다.

시민 참여는 뉴스와 정보 생태계에 대한 핵심적인 요소 중 하나다. 시민들은 뉴스를 소비하는 것뿐만 아니라 직접 뉴스를 생산하고 공유하는 역할을 한다. 시민기자, 시민 블로거, 소셜 미디어 사용자 등은 뉴스 이슈를 확산시키고 다양한 시각과 의견을 제공한다.

AI 저널리즘과 시민 참여는 서로 보완적인 역할을 할 수 있으며, 뉴스의 질과 다양성을 향상시키는 데 기여한다. AI 기술은 뉴스 생산과 신뢰성 검증에 도움을 주며, 시민 참여는 뉴스의 다양성과 시민들의 의견을 반영하는 데 중요한 역할을 한다.

2. AI를 통한 시민 참여 증진 방법

AI 저널리즘은 시민 참여를 활성화할 수 있는 다양한 가능성을 가지고 있다. 앞에서 언급한 내용 외에도 다음과 같은 방안이 있다.

첫째, 시민 참여형 뉴스 콘텐츠 제작 : AI를 사용하여 시민들이 직접 참여해 뉴스 콘텐츠를 제작할 수 있다. 예를 들어 시민들이 직접 사진이나 영상을 촬영하여 뉴스 콘텐츠에 기여할 수 있다. 또한, 시민들이 직접 뉴스 기사를 작성하거나 뉴스 기사에 대한 의견을 제시할 수 있다. 이러한 방식은 시민들의 뉴스 제작 참여율을 높이고, 뉴스 콘텐츠의 다양성과 공정성을 높이는 데 기여할 수 있다.

둘째, 시민 참여형 뉴스 플랫폼 활성화 : AI를 사용하여 시민들이 쉽게 뉴스를 생산하고 유통할 수 있는 플랫폼을 활성화할 수 있다. 이러한 플랫폼은 시민들이 다양한 방법으로 뉴스를 생산하고, 보다 쉽게 뉴스를 유통할 수 있도록 도와준다. 또한, 이러한 플랫폼은 시민들의 뉴스 참여를 활성화하고, 뉴스산업의 발전을 촉진하는 데 기여할 수 있다.

셋째, 시민 참여형 뉴스 교육 활성화 : AI 저널리즘에 대한 시민들의 이해를 높이고 시민 참여를 활성화하기 위해서는 시민 참여형 뉴스 교육이 활성화되어야 한다. 이러한 교육은 시민들이 AI 저널리즘의 원리와 활용 방법을 이해하고, AI 저널리즘에 적극적으로 참여할 수 있도록 도와준다.

넷째, 시민기자단 구성 : AI 저널리즘을 활성화하기 위해서는 시민기자단을 구성하여 적극적으로 뉴스 제작에 참여하도록 유도할 필요가 있다. 시민기자단은 AI 저널리즘에 대한 이해와 역량을 갖춘 시민들로 구성할 수 있다.

다섯째, 시민 참여형 뉴스 공모전 개최 : AI를 활용한 뉴스 콘텐츠를 제작하는 시민들을 대상으로 공모전을 개최하여 우수한 작품을 선정하고 시상하는 것도 좋은 방법이다. 이러한 공모전은 시민들의 뉴스 제작 참여율을 높이고, 우수한 뉴스 콘텐츠를 발굴하는 데 기여할 수 있다.

여섯째, 시민 참여형 뉴스 플랫폼 지원 : AI를 활용한 뉴스 콘텐츠를 생산하고 유통할 수 있는 시민 참여형 뉴스 플랫폼을 개발하고 지원하는 것도 중요하다. 이러한 플랫폼은 시민들이 쉽게 뉴스를 생산하고 유통할 수 있도록 도와주고, 뉴스산업의 발전을 촉진하는 데 기여할 수 있다.

3. AI 저널리즘과 시민들의 정보 소통

AI는 사용자의 질문에 답하거나 사용자의 피드백을 반영하여 뉴스 콘텐츠를 개선할 수 있다. 이러한 AI 저널리즘은 시민들의 정보 소통에 다양한 영향을 미칠 수 있다.

먼저 순기능으로 시민 참여 활성화, 뉴스 소비 편리성 향상, 뉴스 생산과 소비의 민주화 등의 변화는 뉴스 콘텐츠의 다양성과 공정성을 높이는 데 기여할 수 있다. 그러나 역기능도 무시할 수 없다.

AI는 인간의 편견을 그대로 반영하므로 객관적인 뉴스 콘텐츠를 생산하기 위해 AI의 편향성을 최소화하는 기술 개발이 필요하다. 이 문제는 여전히 논란이 되고 있어 당분간 편향성 문제는 극복해야 할 과제로 남아 있다.

또한 AI를 사용하여 허위 정보나 선동적인 콘텐츠를 쉽게 생산, 유포할 수 있으므로 허위 정보 확산을 방지하는 기술 개발과 사회적 합의가 필요하다. 특히 선거 등 정치적으로 민감한 시기에 악성 가짜뉴스 등이 지지자들, 선거꾼들에 의해 활개를 칠 가능성도 있다.

그리고 AI 저널리즘이 보급되면서 AI 기술을 활용하지 못하는 사람들의 정보 격차가 확대될 수 있다. 이러한 문제점을 해결하기 위해서는 AI 저널리즘에 대한 교육과 지원이 필요하다.

AI 저널리즘은 아직 초기 단계에 있으며 다양한 과제를 안고 있다. 그러나 AI 저널리즘이 시민 참여를 활성화하고, 뉴스산업의 발전을 촉진하기 위해서는 이러한 과제를 해결하기 위한 노력이 반드시 필요하다.

제8장
AI와 국제 저널리즘

1. 국제 AI 저널리즘 사례

미국은 AI 저널리즘의 선두주자로 다양한 사례들이 나타나고 있다.

첫째, 뉴욕타임스는 AI를 사용하여 뉴스 기사의 핵심 내용을 요약해 제공하는 "The Upshot"이라는 서비스를 제공하고 있다.

둘째, 월스트리트저널은 AI를 사용하여 뉴스 기사를 자동으로 작성하는 "AI-Powered Newsroom"을 운영하고 있다.

셋째, 프로젝트 베리타스는 AI를 사용하여 허위 정보를 식별하는 "News Tracer"라는 서비스를 제공하고 있다.

민주주의의 발상지 영국에서도 AI 저널리즘이 활발하게 진행되고 있다.

첫째, BBC는 AI를 사용하여 뉴스 기사의 핵심 내용을 요약해 제공하는 "The Real Story"라는 서비스를 제공하고 있다.

둘째, 더 가디언은 AI를 사용하여 뉴스 기사를 자동으로 작성하는 "AI-Powered Newsroom"을 운영하고 있다.

셋째, 프레스 유니언은 AI를 사용하여 허위 정보를 식별하는 "Factual"이라는 서비스를 제공하고 있다.

넷째, 독일 ARD 방송사는 AI를 사용하여 뉴스 기사의 음성 해설 서비스를 제공하고 있다. 이 서비스는 시각 장애나 청각 장애를 가진 사람들이 뉴스를 보다 쉽게 접근할 수 있도록 도와준다.

다섯째, 일본 NHK 방송사는 AI를 사용하여 뉴스 기사 번역 서비스를 제공하고 있다. 이 서비스는 일본어를 모르는 사람들이 일본어 뉴스를 보다 쉽게 이해할 수 있도록 도와준다.

IT 강국 한국에서는 AI 저널리즘이 초기 단계지만 활발하게 도입되고 있다. 편집국 내 전담부서를 두거나 챗봇이나 로봇 앵커를 활용하기도 한다.

첫째, KBS는 AI를 사용하여 뉴스 기사 요약 서비스를 개발하고 있다. 이 서비스는 사용자가 뉴스 기사를 보다 쉽게 이해할 수 있도록 도와준다.

둘째, MBC는 AI를 사용하여 뉴스 기사 번역 서비스를 개발하고 있다. 이 서비스는 한국어를 모르는 사람들이 한국어 뉴스를 보다 쉽게 이해할 수 있도록 도와준다.

셋째, SBS는 AI를 사용하여 뉴스 기사 음성 해설 서비스를 개발하고 있다. 이 서비스는 시각 장애나 청각 장애를 가진 사람들이 뉴스를 보다 쉽게 접근할 수 있도록 도와준다. 또한 AI를 사용하여 뉴스 기사를 자동으로 작성하는 "AI 뉴스"를 제공하고 있다.

넷째, 조선일보는 AI를 사용하여 뉴스 기사의 사실 여부를 확인하는 "AI 팩트 체크"를 운영하고 있다.

다섯째, MBN은 김주하 로봇 앵커를 만들어 이미 시청자들에게 서비스를 하고 있다.

여섯째, 뉴스핌은 AI를 사용하여 뉴스 기사를 생산하고 유통하는 "뉴스핌 AI"를 운영하고 있다.

국내외에서 AI 저널리즘은 일상화·상용화되고 있으며, 앞으로 기술의 발달과 함께 더욱 발전할 것으로 예상된다. 그러나 AI 저널리즘은 국제사회에서 공통적으로 통용되는 가이드라인과 자체 AI 윤리강령 제정이 필요하다.

효용성과 위험성을 동시에 안고 있는 생성형 AI에 대한 최소한의 가이드라인이나 규제대책을 마련하지 않으면, 국제적인 안보, 외교 문제 등에서 AI는 혼란을 초래할 수 있다. 신무기 사용에 걸맞는 국제 가이드라인 제정이라는 숙제를 안고 있다.

2. AI를 통한 국제 뉴스 커버리지 확대

언어의 장벽은 국제 뉴스 취재와 보도에 한계가 있었지만, 향후 AI의 도움으로 그 한계가 상당히 해소될 것이며, 국제 뉴스가 더욱 우리 가까이 다가올 것으로 예상된다. AI는 국제 뉴스 커버리지 확대에 다양한 방식으로 기여할 것이다.

첫째, 언어 번역 : AI를 사용하여 언어를 실시간으로 번역할 수 있으므로 다양한 국가의 뉴스를 접할 수 있다.

둘째, 대규모 데이터 분석 : AI를 사용하여 대규모 국내외 데이터를 분석할 수 있으므로 기존 언론사들이 소화하기 어려웠던 국제 뉴스를 빠르고 정확하게 전달할 수 있다.

셋째, 뉴스 추천 : AI를 사용하여 사용자의 관심사와 선호도에 맞는 나라별 혹은 주제별로 국제 뉴스를 추천할 수 있으므로 사용자가 보다 쉽게 관심 있는 국제 뉴스를 찾을 수 있다.

넷째, 뉴스 요약 : AI를 사용하여 뉴스 기사의 핵심 내용을 요약할 수 있으므로 사용자가 보다 짧은 시간에 뉴스를 이해할 수 있다.

다섯째, 허위 정보 감지 : AI를 사용하여 웬만한 허위 정보를 감지할 수 있으므로 사용자가 보다 정확한 뉴스를 접할 수 있다.

이외에도 AI를 통한 국제 뉴스 커버리지 확대는 다음과 같은 장점이 있다.

첫째, 뉴스의 다양성 및 공정성 증대 : AI를 사용하여 다양한 국가의 뉴스를 접할 수 있으므로 뉴스의 다양성 및 공정성이 증대될 수 있다.

둘째, 뉴스의 접근성 향상 : AI를 사용하여 언어 장벽을 넘어 뉴스를 접할 수 있으므로 뉴스의 접근성이 향상될 수 있다.

셋째, 뉴스의 소비 편리성 향상 : AI를 사용하여 사용자의 관심사와 선호도에 맞는 뉴스를 추천하거나 뉴스의 핵심 내용을 요약하여 제공함으로써 뉴스의 소비 편리성이 향상될 수 있다.

넷째, 허위 정보 확산 방지 : AI를 사용하여 허위 정보를 감지함으로써 허위 정보 확산을 방지할 수 있다.

AI가 국제 뉴스 커버리지 확대에 기여함으로써 시민들이 보다 다양한 국가의 뉴스를 접하고 정확한 정보를 바탕으로 의사 결정을 할 수 있다.
물론 AI를 통한 국제 뉴스 커버리지 확대를 위한 과제도 있다. AI를 전적으로 믿을 수는 없다는 점이다. 이를 구체적으로 정리하면 다음과 같다.

첫째, 객관성 확보 : AI는 인간의 편견을 반영하므로 객관적인 뉴스 콘텐츠를 생산하기 위해 AI의 편향성을 최소화하는 기술 개발이 필요하다.

둘째, 윤리적 문제 : AI를 사용하여 허위 정보나 선동적인 콘텐츠를 생산할 수 있으므로 허위 정보 확산을 방지하기 위한 기술 개발과 사회적 합의가 필요하다.

셋째, 정보 격차 확대 : AI 저널리즘이 보급되면서 AI 기술을 활용하지 못하는 사람들의 정보 격차가 확대될 수 있으므로 AI 저널리즘에 대한 교육과 지원이 필요하다.

AI를 통한 국제 뉴스 커버리지 확대는 뉴스산업의 발전과 시민들의 정보 접근권 확대에 기여할 수 있는 잠재력을 가지고 있다. 이러한 잠재력을 현실로 실현하기 위해서는 과제들을 해결하기 위한 노력이 필요하다.

3. AI 기술의 국제적 활용과 규제 동향

AI 기술은 다양한 분야에서 활용되고 있으며 국제적으로도 다양한 시도가 이루어지고 있다. 다음은 AI 기술의 국제적 활용과 규제 동향을 정리한 것으로, AI 기술은 주요 분야에서 국제적으로 활용되고 있다.

첫째, 자율주행차 : 자율주행차는 AI 기술을 사용하여 주변 환경을 인식하고 스스로 운전하는 차량이다. 자율주행차는 교통사고 감소, 교통 혼잡 완화, 운전 편의성 향상 등의 효과가 기대된다.

둘째, 의료 : AI 기술은 의료 분야에서 진단, 치료, 예방 등에 활용되고 있으며, AI 기술을 사용하여 질병을 보다 정확하게 진단하고, 새로운 치료법을 개발하며, 질병을 예방할 수 있다.

셋째, 금융 : AI 기술은 금융 분야에서 대출 심사, 투자, 보험 등에 활용되고 있으며, AI 기술을 사용하여 보다 신속하고 정확한 대출 심사를 하고, 보다 수익성 있는 투자를 하고, 보다 효율적인 보험 상품을 개발할 수 있다.

넷째, 제조 : AI 기술은 제조 분야에서 제품 설계, 생산, 품질 관리 등에 활용되고 있으며, AI 기술을 사용하여 보다 효율적인 제품 설계, 보다 생산적인 생산 공정 구축, 보다 높은 품질의 제품을 생산할 수 있다.

다섯째, 교육 : AI 기술은 교육 분야에서 학습 관리, 맞춤형 교육 등에 활용되고 있으며, AI 기술을 사용하여 학생들의 학습 수준을 파악하고 맞춤형 교육을 제공할 수 있다.

이외에도 사회 각 분야에서 활용 속도와 범위는 상상을 초월할 정도로 빠르게 이뤄지고 있으며, 이는 우리의 생활 패턴을 크게 바꿔 놓을 것이다.

그러나 AI 기술은 다양한 잠재적 위험을 내포하고 있으므로 국제적으로도 규제의 필요성이 제기되고 있다. AI 기술의 국제적 규제는 다음과 같은 분야에서 이루어지고 있다.

첫째, 윤리적 규제 : AI 기술은 인간의 편견을 반영할 수 있고 허위 정보나 선동적인 콘텐츠를 생산할 위험이 있으므로, 이러한 위험을 방지하기 위한 국제적·윤리적 규제가 필요하며, 유럽연합에서는 이미 기본적인 윤리 규제안을 내놓고 있다.

둘째, 기술적 규제 : AI 기술이 악용될 경우 국가 안보나 개인의 안전에 위협이 될 수 있으므로, 이러한 위험을 방지하기 위한 기술적 규제가 필요하다.

셋째, 법적 규제 : AI 기술은 기존의 법률 체계를 위반할 수 있는 위험이 있으므로, 이러한 위험을 방지하기 위한 국가 간 법적 규제가 필요하다.

넷째, AI 기술의 국제적 협력 : AI 기술은 국가 간 협력이 반드시 필요하다. AI 기술의 국제적 협력은 수사, 자료 제공 등의 분야에서 제한적으로 이뤄지고 있다. 그러나 범죄가 명백할 경우 필요한 정보를 수사기관에 국제 공조 차원에서 제공하도록 명시할 필요가 있다.

다섯째, 국제기구의 역할 강화 : 국제기구는 AI 기술의 윤리적 개발과 안전한 사용을 위한 가이드라인을 마련하고 국제적 협력을 촉진하는 역할을 하고 있다.

여섯째, 국가 간 협력 확대 : 각국은 AI 기술의 개발과 활용, 규제 등에 대한 협력을 확대하고 있다.

AI 기술은 다양한 잠재적 혜택을 제공할 수 있는 기술이지만, 동시에 다양한 위험을 내포하고 있다. AI 기술의 국제적 활용과 규제에 대한 논의와 협력을 통해 AI 기술의 잠재적 혜택을 극대화하고, 위험을 최소화하기 위한 노력이 필요하다.

제9장
AI 기술과 미디어 산업

1. AI 기술의 미래 전망

AI 기술은 이미 다양한 분야에서 활용되고 있고 앞으로 더욱 발전할 것으로 전망되므로, AI 기술의 미래 전망에 대해 정리해 보겠다.

첫째, AI 기술은 자율주행차, 의료, 금융, 제조, 교육 등 다양한 분야에서 더욱 폭넓게 활용될 것이다.

둘째, AI 기술은 우리의 일상생활, 업무, 교육, 의료, 여가 등 다양한 측면을 변화시킬 것이다.

셋째, AI 기술은 기존 분야의 대폭적인 인력 감축과 함께 새로운 일자리 창출과 사회 변화를 가져올 것이다.

이를 바탕으로 한 AI 기술의 미래 전망에 대한 긍정적 측면은,

첫째, AI 기술은 우리 삶을 보다 편리하고 풍요롭게 만들 것이다. AI 기술을 사용하여 자율주행차를 이용하면 교통 체증을 줄이고, 의료 AI를 이용하면 질병을 보다 정확하게 진단하고 치료할 수 있다.

둘째, AI 기술은 새로운 산업을 창출할 것이다. AI 기술을 기반으로 한 자율주행차, 로봇, 인공지능 의료기기 등의 산업이 성장할 것이다.

셋째, 기술은 사회 문제를 해결하는 데 기여할 것이다. AI 기술을 사용하여 환경 오염을 줄이고, 재난을 예방하고 대응할 수 있다.

또한 AI 기술은 새로운 산업과 일자리 창출을 통해 경제 성장을 촉진하고 경제 성장에도 기여할 것이다.

이에 반해 역기능도 예상된다. AI 기술의 미래 전망에 대한 부정적 측면은,

첫째, AI 기술은 일자리 감소와 양극화를 가져올 수 있다. AI 기술은 기존 일자리를 대체하고, 새로운 일자리를 창출할 수 있다. 그러나 AI 기술이 기존 일자리를 대체하는 속도가 새로운 일자리를 창출하는 속도를 따라가지 못할 경우, 일자리 감소와 양극화가 발생할 수 있다.

둘째, AI 기술은 윤리적 문제를 야기할 수 있다. AI 기술은 인간의 편견을 반영할 수 있고, 허위 정보나 선동적인 콘텐츠를 생산할 수 있다.

셋째, AI 기술은 부익부 빈익빈의 현상을 심화시킬 수 있다.

AI 기술의 긍정적 전망을 실현하고, 부정적 전망을 최소화하기 위해서는 앞서 언급한 과제들이 해결되어야 할 것이다.

2. AI 저널리즘의 미래 발전 방향

AI 저널리즘은 AI 기술을 활용하여 뉴스를 생산, 유통, 소비하는 방식으로 다양한 분야에서 활용되고 있으며, 앞으로 더욱 발전할 것으로 기대된다. 따라서 AI 저널리즘의 미래 발전 방향은 다음과 같이 요약할 수 있다. 앞서 열거한 내용을 보다 고도화하는 방향이 될 것이다.

첫째, AI 저널리즘의 자동화와 지능화 : AI 저널리즘은 AI 기술을 사용하여 뉴스 기사 작성, 편집, 검증, 추천 등의 작업을 자동화하고, 보다 지능적인 방식으로 수행할 수 있다.

둘째, AI 저널리즘의 개인화와 맞춤화 : AI 저널리즘은 AI 기술을 사용하여 사용자의 관심사와 선호도에 맞는 뉴스를 추천하거나 뉴스 기사의 핵심 내용을 요약하여 제공할 수 있다.

셋째, AI 저널리즘의 윤리성 확보 : AI 저널리즘은 AI 기술의 편향성을 최소화하고 허위 정보 확산을 방지하기 위한 윤리적 기준을 마련해야 한다.

AI 저널리즘의 미래 발전 방향에 대한 긍정적 측면은,

첫째, AI 저널리즘은 AI 기술을 사용하여 뉴스 기사를 자동으로 작성하거나 뉴스 추천 기능을 제공함으로써 기자들의 업무 부담을 줄이고, 사용자들이 보다 쉽게 뉴스를 접할 수 있어 뉴스 생산과 소비의 효율성을 높일 것이다.

둘째, AI 저널리즘은 AI 기술을 사용하여 다양한 국가의 뉴스를 접할 수 있고 허위 정보 확산을 방지함으로써 뉴스의 다양성과 공정성을 높일 것이다.

셋째, AI 저널리즘은 AI 기술을 사용하여 가상현실이나 증강현실을 활용한 새로운 뉴스 콘텐츠를 창출할 것이다.

AI 저널리즘의 미래 발전 방향에 대한 부정적 측면은,

첫째, AI 저널리즘은 AI 기술을 사용하여 기자들의 업무를 자동화함으로써 기자들의 일자리 감소를 가져올 수 있다.

둘째, AI 저널리즘은 AI 기술을 사용하여 허위 정보를 쉽게 생산하고 유포할 수 있으므로 허위 정보 확산을 가속화될 수 있다.

AI 저널리즘은 뉴스산업의 발전에 기여할 수 있는 잠재력을 가지고 있다. AI 저널리즘의 미래 발전 방향을 긍정적으로 만들기 위해서는 AI 저널리즘의 잠재적 혜택을 극대화하고 위험을 최소화하기 위한 노력이 필요하다. 따라서 AI 저널리즘의 미래 발전 방향을 위한 구체적인 방안은 다음과 같다.

첫째, AI 저널리즘의 자동화와 지능화를 위한 AI 기술 개발이

필요하다.

둘째, AI 저널리즘의 편향성과 허위 정보 확산을 방지하기 위한 윤리적 기준을 마련할 필요가 있다.

셋째, AI 저널리즘을 활용할 수 있는 기자와 전문가 양성이 필요하다.

넷째, AI 저널리즘의 미래 발전을 위해서는 정부, 언론사, 학계, 시민단체 등 다양한 이해 관계자의 협력이 필요하다.

AI 저널리즘의 잠재적 혜택을 극대화하고 위험을 최소화하기 위한 노력을 통해 AI 저널리즘이 뉴스산업의 발전과 시민들의 정보 접근권 확대에 기여할 수 있기를 기대한다.

3. AI 기술과 미디어 산업의 혁신

AI 기술은 미디어 산업의 다양한 분야에 혁신을 가져왔다.

첫째, 뉴스산업 : AI 기술은 뉴스산업의 생산, 유통, 소비 방식을 변화시키고 있다. AI 기술을 사용하여 뉴스 기사를 자동으로 작성하거나, 뉴스 추천 기능을 제공함으로써 기자들의 업무 부담을 줄이고, 사용자들이 보다 쉽게 뉴스를 접할 수 있다. 또한 AI 기술을 사용하여 허위 정보 확산을 방지하고, 뉴스의 다양성과 공정성을 높일 수 있다.

둘째, 엔터테인먼트산업 : AI 기술을 사용하여 가상현실이나 증강현실을 활용한 콘텐츠를 제작하거나 개인화된 추천 서비스를 제공함으로써 사용자들에게 새로운 경험과 즐거움을 제공할 수 있다. 또한 AI 기술을 사용하여 창의적인 콘텐츠를 자동으로 생성할 수 있다.

셋째, 광고산업 : AI 기술은 광고산업의 타겟팅 방식을 변화시키고 있다. AI 기술로 사용자의 관심사와 선호도를 분석하여 맞춤형 광고를 제공함으로써 광고의 효율성을 높일 수 있다. 또한 AI 기술을 사용하여 광고 효과를 측정하고 개선할 수 있다.

넷째, 방송산업 : AI 기술은 방송산업의 제작 방식을 변화시키고 있다. AI 기술로 편집, 자막, 번역 등의 작업을 자동화함으로써 방송 제작의 효율성을 높일 수 있다. 또한 AI 기술을 사용하여 새로운 형식의 방송 콘텐츠를 제작할 수 있다.

미디어 산업은 AI 기술의 혁신을 통해 보다 효율적이고 다양하며, 사용자 중심적인 산업으로 발전할 것이다. AI 기술과 미디어 산업의 혁신은 다음과 같은 장점을 갖고 있다.

첫째, 생산성 향상 : AI 기술을 사용하여 뉴스 기사 작성, 편집, 검증, 추천 등의 작업을 자동화함으로써 미디어 산업의 생산성을 높일 수 있다.

둘째, 다양성 증대 : AI 기술로 많은 국가의 다양한 뉴스를 접할 수 있고 허위 정보 확산을 방지함으로써 뉴스의 다양성을 높일 수 있다.

셋째, 사용자 편의성 향상 : AI 기술로 사용자의 관심사와 선호도에 맞는 뉴스를 추천하거나 뉴스 기사의 핵심 내용을 요약하여 제공함으로써 사용자의 편의성을 향상시킬 수 있다.

넷째, 새로운 콘텐츠 창출 : AI 기술로 가상현실이나 증강현실을 활용한 콘텐츠를 제작하거나 창의적인 콘텐츠를 자동으로 생성함으로써 새로운 콘텐츠를 창출할 수 있다.

AI 기술과 미디어 산업의 혁신 과제로는 편향성이나 일자리 감소 같은 문제를 해결해야 한다.

제10장
AI와 미디어 생성 및 교육

1. AI와 데이터 보안

AI 저널리즘은 대량의 데이터를 활용하므로 데이터 보안 문제가 중요하다. AI와 민감한 정보 처리, 데이터 유출과 해킹에 대한 보안 전략 및 윤리적 고려 사항이 있다. AI 저널리즘에서 사용되는 데이터는 다음과 같은 민감한 정보일 수 있다.

- 개인 정보 : 이름, 주소, 전화번호, 이메일 주소, 신용카드 정보 등
- 기밀 정보 : 정부 문서, 기업 기밀, 의료 정보 등
- 정치적 정보 : 선거 결과, 여론 조사, 정치 스캔들 등

이러한 데이터가 유출되거나 해킹될 경우 개인의 프라이버시

침해, 기밀 정보 누출, 정치적 혼란 등 심각한 결과를 초래할 수 있으므로 데이터 보안을 강화하기 위한 보안 전략이 필요하다.

AI 저널리즘에서 데이터 보안을 강화하기 위해서는 윤리적 고려 사항도 중요하다. AI 저널리즘은 민감한 정보를 다루므로 데이터를 수집하고 사용하는 과정에서 개인의 프라이버시를 존중하고 기밀 정보를 보호해야 한다.

데이터 보안을 강화하기 위한 구체적이고 현실적인 방식은 제한적이지만 다음과 같다.

- 데이터 수집 단계에서 개인의 동의를 받는다.
- 데이터를 저장하고 전송할 때 강력한 암호화를 사용한다.
- 데이터에 대한 접근을 제한하여 권한 없는 사용자가 데이터에 접근하지 못하도록 한다.
- 데이터를 정기적으로 백업하여 데이터 유실 시 복구할 수 있도록 한다.
- 민감한 정보를 다룰 때는 개인의 프라이버시를 보호하기 위한 조치를 취한다.

2. AI와 인공지능 미디어 생성

AI를 사용하여 뉴스 기사뿐 아니라 이미지, 오디오, 비디오 등의 미디어 콘텐츠를 생성하는 기술이 날로 발전하고 있으며, 이러한 기술은 미디어 산업에 큰 변화를 가져올 것이다.

첫째, 뉴스 기사 생성 : AI는 다음과 같은 방법으로 텍스트 데이터를 분석하여 뉴스 기사를 생성할 수 있다.

- 텍스트 생성 : AI는 텍스트 데이터를 분석하여 새로운 텍스트를 생성하며, 이를 통해 뉴스 기사 제목, 본문, 요약 등을 생성할 수 있다.
- 번역 : AI는 언어를 번역할 수 있으며, 이를 통해 외국 언론 기사를 번역하여 국내에 제공할 수 있다.
- 요약 : AI는 긴 텍스트를 요약할 수 있으며, 이를 통해 방대한 양의 뉴스 기사를 빠르게 요약하여 제공할 수 있다.

둘째, 이미지 생성 : AI는 다음과 같은 방법으로 이미지 데이터를 분석하여 새로운 이미지를 생성할 수 있다.

- 스타일 변환 : AI는 이미지의 스타일을 변환할 수 있으며,

이를 통해 실제 이미지를 만화 스타일로 변환하거나 예술 작품 스타일로 변환할 수 있다.

- 합성 : AI는 현실에 존재하지 않는 이미지를 합성할 수 있으며, 이를 통해 영화나 게임의 컴퓨터 그래픽을 생성할 수 있다.
- 개편 : AI는 기존 이미지를 개편할 수 있으며, 이를 통해 이미지의 색상, 밝기, 대비 등을 조정할 수 있다.

셋째, 오디오 생성 : AI는 오디오 데이터를 분석하여 새로운 오디오를 생성할 수 있다.

넷째, 음성 합성 : AI는 사람의 목소리를 합성할 수 있으며, 이를 통해 뉴스 기사나 팟캐스트 낭독자를 생성할 수 있다.

다섯째, 음악 작곡 : AI는 음악을 작곡할 수 있으며, 이를 통해 영화나 게임의 사운드트랙을 작곡할 수 있다.

여섯째, 음향 효과 : AI는 음향 효과를 생성할 수 있으며, 이를 통해 영화나 게임의 효과음을 생성할 수 있다.

일곱째, 비디오 생성 : AI는 비디오 데이터를 분석하여 새로운 비디오를 생성할 수 있다.

여덟째, 영상 합성 : AI는 현실에 존재하지 않는 영상을 합성할 수 있으며, 이를 통해 영화나 게임의 컴퓨터 그래픽을 생성할 수 있다.

아홉째, 개편 : AI는 기존 비디오를 개편할 수 있으며, 이를 통해 비디오의 색상, 밝기, 대비 등을 조정할 수 있다.

열째, 자막 생성 : AI는 비디오에 자막을 생성할 수 있으며, 이를 통해 언어 장벽을 극복할 수 있다.

AI를 사용하여 미디어 콘텐츠를 생성하는 기술은 아직 초기 단계지만 빠르게 발전하고 있다. 이러한 기술은 미디어 산업에 다음과 같은 변화를 가져올 것으로 예상된다.

첫째, 생산성 향상 : AI는 뉴스 기사, 이미지, 오디오, 비디오 등을 자동으로 생성하여 인간 기자나 제작자의 작업량을 줄일 수 있다.

둘째, 창의성 증진 : AI는 인간이 생각하지 못할 새로운 아이디어를 제시하여 미디어 콘텐츠의 다양성을 높일 수 있다.

셋째, 접근성 확대 : AI는 미디어 콘텐츠의 접근성을 확대하여 언어 장벽을 극복하고 시각 장애나 청각 장애를 가진 사람도 쉽게 미디어 콘텐츠를 이용할 수 있게 한다.

AI를 사용하여 미디어 콘텐츠를 생성하는 기술은 미디어 산업에 큰 변화를 가져올 것이며, 이러한 기술이 어떻게 발전하고, 미디어 산업에 어떤 영향을 미칠지 주목할 필요가 있다.

3. AI와 빅데이터 분석

AI는 다음과 같은 방법으로 빅데이터를 활용하여 트렌드 분석, 예측 및 리포팅을 수행할 수 있다.

첫째, 트렌드 분석 : AI는 빅데이터에서 패턴을 식별하여 트렌드를 분석할 수 있다. 예를 들어 웹 트래픽 데이터를 분석하여 특정 제품이나 서비스에 대한 관심이 증가하고 있는지 확인할 수 있고, 소셜 미디어 데이터를 분석하여 특정 주제에 대한 관심이 증가하고 있는지 확인할 수도 있다.

둘째, 예측 : AI는 빅데이터에서 패턴을 사용하여 미래를 예측할 수 있다. 예를 들어 판매 데이터를 분석하여 미래의 판매량을 예측하고, 고객 데이터를 분석하여 고객의 행동을 예측할 수도 있다.

셋째, 리포팅 : AI는 빅데이터에서 정보를 수집하여 보고서를 생성할 수 있다. 예를 들어 고객 만족도 데이터를 분석하여 고객 만족도를 측정하는 보고서를 생성할 수 있고, 경쟁사 데이터를 분석하여 경쟁 상황을 파악하는 보고서를 생성할 수도 있다.

AI를 활용한 트렌드 분석과 예측, 리포팅은 다음과 같은 장점을 제공한다.

첫째, 효율성 향상 : AI는 인간이 수행하는 데 시간이 오래 걸리는 작업을 자동화하여 효율성을 향상시킨다.

둘째, 정확성 향상 : AI는 인간의 편견이나 오류를 방지하여 정확성을 향상시킨다.

셋째, 새로운 통찰력 제공 : AI는 인간이 생각하지 못했던 새로운 통찰력을 제공한다.

AI를 활용한 트렌드 분석과 예측, 리포팅은 다양한 산업에서 활용되고 있다. 마케팅 분야에서는 트렌드 분석을 사용하여 새로운 마케팅 전략을 개발하는 데 사용되고, 금융 분야에서는 예측을 통해 투자 위험을 관리하는 데 사용되며, 제조 분야에서는 리포팅을 통해 생산 효율성을 개선하는 데 사용된다. 이러한 기술은 다양한 산업에서 새로운 기회를 창출하고, 사회 전반에 긍정적 영향을 미칠 것으로 기대된다.

다음은 AI를 활용한 트렌드 분석과 예측, 리포팅의 구체적인 예다.

트렌드 분석

- 구글 트렌드 : 특정 키워드의 검색량을 분석하여 트렌드를 추적하는 도구.
- 트위터 데이터 분석 : 트위터에서 생성된 데이터를 분석하여 트렌드를 추적하는 도구.
- 빅데이터 분석 플랫폼 : 다양한 소스의 데이터를 수집하고 분석하여 트렌드를 추적하는 도구.

예측

- 머신 러닝 모델 : 머신 러닝 모델을 사용하여 다양한 종류의 데이터를 예측하는 도구.
- 인공지능 기반 예측 도구 : 과거 데이터를 기반으로 미래를 예측하는 도구.

• 전문가 시스템 : 전문가 시스템은 전문가의 지식을 기반으로 미래를 예측하는 도구.

리포팅

• 데이터 시각화 : 데이터를 시각적으로 표현하여 이해하기 쉽게 하는 기술.
• 빅데이터 분석 플랫폼 : 다양한 소스의 데이터를 수집하고 분석하여 보고서를 생성하는 도구.
• 전문가 시스템 : 전문가의 지식을 기반으로 보고서를 생성하는 도구.

4. AI와 인간 저널리스트의 협력

AI와 인간 저널리스트가 어떻게 협력하여 보다 효과적인 뉴스 콘텐츠를 제공하는지에 대한 사례와 전략이다. AI와 인간 저널리스트의 협력은 보다 효과적인 뉴스 콘텐츠를 제공할 수 있는 잠재력을 가지고 있으며, AI는 다음과 같은 방법으로 인간 저널리스트의 작업을 지원할 수 있다.

첫째, 정보 수집 및 분석 : AI는 방대한 양의 데이터를 빠르고 효율적으로 수집하고 분석할 수 있다. 이는 인간 저널리스트가 중요한 정보를 식별하고, 새로운 트렌드를 파악하고, 복잡한 주제를 이해하는 데 도움을 준다.

둘째, 콘텐츠 생성 : AI는 텍스트, 이미지, 오디오, 비디오를 생성할 수 있다. 이는 인간 저널리스트가 새로운 이야기를 만들고, 독자의 관심을 끄는 콘텐츠를 제작하는 데 도움을 준다.

셋째, 편집 및 검증 : AI는 사실 오류를 식별하고, 편견을 감지하고, 콘텐츠의 품질을 향상시킬 수 있다. 이는 인간 저널리스트가 정확하고 공정한 뉴스를 제공하는 데 도움을 준다.

다음은 AI와 인간 저널리스트의 협력 사례들이다.

첫째, AP 통신 : AI를 사용하여 뉴스 기사를 생성하고, 편집하고, 검증하고 있다. AI는 AP 통신이 더 많은 뉴스를 더 빠르게 전달하고, 더 정확한 뉴스를 제공하는 데 도움을 주고 있다.

둘째, BBC : AI를 사용하여 뉴스 기사를 요약하고, 트렌드를 분석하고, 독자 맞춤형 콘텐츠를 제공하고 있다. AI는 BBC가 독자들에게 더 유익하고 관련성 높은 뉴스 콘텐츠를 제공하는 데 도움을 주고 있다.

셋째, 뉴욕타임스 : AI를 사용하여 뉴스 기사를 작성하고, 데이터를 시각화하고, 팩트 체크를 수행하고 있다. AI는 뉴욕타임스가 보다 정확하고 공정한 뉴스를 제공하는 데 도움을 주고 있다.

다음은 AI와 인간 저널리스트의 협력을 위한 몇 가지 전략과 과제다.

첫째, 역할과 책임을 명확히 정의한다 : AI는 정보 수집 및 분석, 콘텐츠 생성, 편집 및 검증과 같은 다양한 작업을 수행할 수 있다. 인간 저널리스트와 AI는 각자의 강점을 활용하여 보다 효과적인 뉴스 콘텐츠를 제공할 수 있다.

둘째, 상호 교육과 협업을 장려한다 : AI와 인간 저널리스트는 서로의 기술과 전문 지식을 배우고 협력하여 보다 창의적이고 혁신적인 뉴스 콘텐츠를 개발할 수 있다.

셋째, 윤리적 고려 사항을 염두에 둔다 : AI는 편견이나 오류를 포함할 수 있으므로 인간 저널리스트는 AI가 생성한 콘텐츠를 신중하게 검토해야 한다.

AI와 인간 저널리스트의 협력은 뉴스 콘텐츠의 생산성, 정확성, 창의성을 향상시킬 수 있는 잠재력을 가지고 있다. 언론사와 저널리스트는 AI를 효과적으로 활용하기 위한 전략을 개발하고, 윤리적 고려 사항을 염두에 두어야 한다.

5. AI와 저널리즘 교육

AI를 사용하여 뉴스 콘텐츠를 생성, 분석, 유통하는 새로운 형태의 AI 저널리즘은 아직 초기 단계지만 매우 빠르게 발전하고 있으며, 기존의 저널리즘을 변화시킬 잠재력을 가지고 있다.

AI 저널리즘을 가르치고 준비하는 데 필요한 교육 및 훈련 프로그램에는 다음과 같은 내용이 포함되어야 한다.

- AI의 기본 개념과 원리를 이해해야 AI 저널리즘을 이해할 수 있다.
- AI 저널리즘의 원리와 방법을 이해해야 AI 저널리즘을 실무에 적용할 수 있다.
- AI 저널리즘의 윤리와 책임을 이해해야 AI 저널리즘을 공정하고 책임감 있게 수행할 수 있다.

AI 저널리즘을 가르치고 준비하는 데 필요한 교육 및 훈련 프로그램은 다음과 같은 형태로 이루어진다.

- 대학 및 대학원 교육 프로그램 : AI 저널리즘을 전공 또는 부전공으로 제공하고 있다.
- 온라인 교육 프로그램 : AI 저널리즘에 대한 교육 및 훈련을 제공하고 있다.
- 직업 교육 프로그램 : 기업이나 언론사에서 AI 저널리즘에 대한 교육 및 훈련을 제공하고 있다.

AI 저널리즘은 빠르게 발전하고 있으므로 이에 대한 교육 및 훈련 프로그램도 지속적으로 업데이트되고 있다. AI 저널리즘을 가르치고 준비하는 데 필요한 교육 및 훈련 프로그램은 다음과 같은 방식으로 발전될 것으로 예상된다.

- 실무 중심의 교육 및 훈련 : AI 저널리즘을 실무에 적용할 수 있도록 실무 중심의 교육 및 훈련 제공.
- 다양한 형태의 교육 및 훈련 : 온라인 교육, 직업 교육 등 다양한 형태의 교육 및 훈련 제공.
- 국제적인 교육 및 훈련 : AI 저널리즘은 글로벌한 분야이므로 국제적인 교육 및 훈련 제공.

AI 저널리즘은 저널리즘의 미래를 바꿀 잠재력을 가지고 있으므로 AI 저널리즘을 가르치고 준비하는 데 필요한 교육 및 훈련 프로그램을 통해 AI 저널리즘을 공정하고 책임감 있게 발전

시켜 나가야만 한다.

다음은 AI 저널리즘 교육 및 훈련 프로그램의 구체적인 내용
이다.

첫째, AI의 기본 개념과 원리

인공지능(AI)의 개념과 역사
머신 러닝(Machine Learning)의 개념과 원리
자연어 처리(Natural Language Processing)의 개념과 원리
컴퓨터 비전(Computer Vision)의 개념과 원리
데이터 시각화(Data Visualization)의 개념과 원리

둘째, AI 저널리즘의 원리와 방법

AI 저널리즘의 개념과 유형
AI 저널리즘의 기술과 방법
AI 저널리즘의 사례 연구
AI 저널리즘의 윤리와 책임

셋째, AI 저널리즘의 윤리와 책임

AI 저널리즘의 윤리적 원칙

AI 저널리즘의 책임

AI 저널리즘의 윤리적 사례 연구

다음은 AI 저널리즘을 가르치고 준비하는 데 필요한 교육 및 훈련 프로그램의 구체적인 예다.

대학 및 대학원

- 뉴욕대학교 : "AI for Journalism" 과정에서 AI의 기본 원리, AI 저널리즘의 개념, AI 저널리즘의 기술 등을 다루고 있다.
- 미시간대학교 : "Data Science for Journalism" 과정에서 데이터 과학의 기본 원리, 데이터 과학을 사용하여 뉴스 콘텐츠를 생성, 분석, 시각화하는 방법 등을 다루고 있다.

온라인 교육

- Coursera : "AI for Journalism" 과정에서 AI의 기본 원리, AI 저널리즘의 개념, AI 저널리즘의 기술 등을 다루고 있다.
- Udemy : "AI for Journalism" 과정에서 AI의 기본 원리, AI 저널리즘의 개념, AI 저널리즘의 기술 등을 다루고 있다.

기업 및 단체

- 구글 : "Google AI for Media" 프로그램에서 AI를 사용하여

뉴스 콘텐츠를 생성, 분석, 시각화하는 방법을 가르쳐 준다.

- 모질라 : "Mozilla AI for Journalism" 프로그램에서 AI 저 널리즘의 윤리적 문제를 다루고 있다.

AI 저널리즘을 가르치고 준비하는 데 필요한 교육 및 훈련 프로그램은 AI 저널리스트의 역량을 강화하고 AI 저널리즘의 발전을 촉진하는 데 도움이 될 것이다.

6. AI 저널리즘의 예시와 사례 연구

AI 저널리즘은 다양한 분야에서 성공적으로 적용되고 있다. 다음은 세계에서 성공적으로 적용된 AI 저널리즘 프로젝트 및 사례 연구다.

뉴욕타임스의 "The Daily" 팟캐스트는 매일 뉴스의 핵심을 전달하는 15분짜리 팟캐스트다. 뉴욕타임스는 AI를 사용하여 "The Daily" 팟캐스트 스크립트를 생성하고, AI는 뉴스 기사와 팟캐스트의 이전 에피소드를 분석하여 스크립트를 생성한다. 인간 저널리스트는 스크립트를 검토하고 편집하여 정확성과 품질을 보장한다. "The Daily" 팟캐스트 스크립트를 생성함으로써 뉴욕타임스는 다음과 같은 장점을 얻을 수 있다.

- 생산성 향상 : AI를 사용하여 스크립트를 자동으로 생성함
으로써 인간 저널리스트는 스크립트의 검토 및 편집에 집
중할 수 있다.
- 정확성 향상 : AI는 인간이 놓치는 오류를 식별할 수 있다.
- 창의성 향상 : AI는 인간이 생각하지 못했던 새로운 아이디
어를 제공할 수 있다.

BBC의 "The Newsroom" 웹사이트[17]는 AI를 사용하여 기사
의 주요 내용을 식별하고 요약을 생성하며, 인간 저널리스트는

---

17 BBC가 운영하는 "The Newsroom" 웹사이트는 2017년 11월에 처음 개설되었
으며, BBC가 제작한 다양한 뉴스 콘텐츠를 제공하고 있다.

"The Newsroom"은 다음과 같은 특징을 가지고 있다.
다양한 뉴스 콘텐츠 제공 : The Newsroom은 BBC가 제작한 다양한 뉴스 콘텐
츠를 제공한다. 뉴스 기사, 다큐멘터리, 인터뷰, 팟캐스트, 뉴스룸 투어 등 다
양한 형식의 뉴스 콘텐츠를 제공하여 독자들이 다양한 방식으로 뉴스를 접할
수 있도록 한다.
뉴스 제작 과정 공개 : The Newsroom은 뉴스 제작 과정을 공개한다. 뉴스 기사
작성, 뉴스 영상 제작, 뉴스룸 투어 등 뉴스 제작 과정을 보여 주는 콘텐츠를 제
공하여 독자들이 뉴스가 어떻게 만들어지는지 이해할 수 있도록 한다.
독자 참여 활성화 : "The Newsroom"은 독자 참여를 활성화한다. 뉴스 기사에
대한 의견, 뉴스 제작 과정에 대한 질문 등 독자들의 의견을 수렴하고, 이를 뉴
스 콘텐츠에 반영한다.

요약을 검토하고 편집하여 정확성과 품질을 보장한다.

The Associated Press의 "AP Envision" 서비스는 AI를 사용하여 뉴스 기사에 대한 데이터를 시각화한다. AI는 뉴스 기사의 데이터를 분석하여 시각적으로 표현한다. 인간 저널리스트는 데이터 시각화를 검토하고 편집하여 정확성과 품질을 보장한다.

미국 언론사 ProPublica의 "The Signal" 프로젝트는 AI를 사용하여 뉴스 기사의 트렌드를 분석한다. AI는 뉴스 기사의 키워드와 주제를 분석하여 트렌드를 식별한다. 인간 저널리스트는 트렌드를 검토하고 분석하여 새로운 뉴스 기사를 작성한다.

영국 언론사 The Guardian의 "Datablog" 섹션[18]은 AI를 사용하여 뉴스 기사에 대한 데이터를 분석하여 새로운 통찰력을

"The Newsroom"은 다음과 같은 방식으로 작동한다.
뉴스 콘텐츠 수집 : BBC의 다양한 뉴스 채널에서 뉴스 콘텐츠를 수집한다.
뉴스 콘텐츠 분석 : 수집한 뉴스 콘텐츠를 분석하여 독자들이 관심을 가질 만한 콘텐츠를 선정한다.
뉴스 콘텐츠 제공 : 선정된 뉴스 콘텐츠를 독자에게 제공한다.

"The Newsroom"은 다양한 뉴스 콘텐츠 제공, 뉴스 제작 과정 공개, 독자 참여 활성화 등을 통해 독자들이 보다 쉽게 뉴스를 이해하고, 보다 적극적으로 참여할 수 있도록 하는 데 기여하고 있다.

18 영국 언론사 The Guardian의 "Datablog" 섹션은 데이터와 통계를 기반으로
    한 기사를 제공한다. 2010년 12월에 처음 개설되었으며, 데이터 저널리즘의
    선구자 중 하나로 평가받고 있다.

    "Datablog"은 다양한 주제에 대한 데이터와 통계를 제공한다. 정치, 경제, 사
    회, 문화 등 다양한 분야의 데이터를 통해 독자들이 세상을 이해하는 데 도움
    을 준다. 또한 데이터를 시각화한 인포그래픽과 데이터를 분석한 기사를 통해
    데이터를 보다 쉽게 이해할 수 있도록 한다.

    "Datablog"은 다음과 같은 특징을 가지고 있다.
    데이터와 통계에 대한 깊이 있는 분석 : 데이터와 통계를 단순히 제시하는 것이
    아니라, 이를 깊이 있게 분석하고 해석함으로써 독자들이 데이터의 의미를 이
    해하고, 이를 자신의 생각과 결론에 적용할 수 있도록 한다.
    다양한 주제에 대한 데이터 제공 : 정치, 경제, 사회, 문화 등 다양한 주제에 대
    한 데이터를 제공함으로써 독자들이 세상을 보다 넓은 시각으로 바라볼 수 있
    도록 한다.
    데이터를 시각화한 인포그래픽 제공 : 데이터를 시각화한 인포그래픽을 제공함
    으로써 독자들이 데이터를 보다 쉽게 이해하고, 이를 자신의 생각과 결론에 적
    용할 수 있도록 한다.

    "Datablog"은 데이터와 통계를 기반으로 한 기사를 통해 독자들이 세상을 보
    다 깊이 있게 이해할 수 있도록 하는 데 기여하고 있다.

    다음은 "Datablog"의 대표적인 콘텐츠들이다.
    The world in numbers : 매주 월요일 발행되는 기사로, 전 세계의 다양한 데이
    터를 시각화하여 제공.
    Datablog on politics : 정치 분야에 대한 데이터와 통계를 제공하는 기사.
    Datablog on economics : 경제 분야에 대한 데이터와 통계를 제공하는 기사.
    Datablog on society : 사회 분야에 대한 데이터와 통계를 제공하는 기사.
    Datablog on culture : 문화 분야에 대한 데이터와 통계를 제공하는 기사.

제공한다. 인간 저널리스트는 데이터 분석을 검토하고 편집하여 정확성과 품질을 보장한다.

한국경제신문은 AI를 사용하여 뉴스 기사를 자동으로 생성하는 "AI 뉴스봇"[19]을 개발했다. AI 뉴스봇은 뉴스 기사의 요약, 뉴스 기사의 트렌드 분석, 뉴스 기사의 잠재적인 편견 식별 등을 수행할 수 있다.

조선일보는 AI를 사용하여 주식 시장을 분석하는 "서학개미봇"[20]을 개발했다. 서학개미봇은 주로 미국 주식 시장의 데이터

---

19 한국경제신문에서 개발한 "AI 뉴스봇"은 분석한 내용을 독자에게 제공한다. 뉴스 기사의 요약, 뉴스 기사의 비교, 뉴스 기사의 추천 등을 통해 독자들이 보다 쉽게 뉴스를 접하고, 보다 깊이 있는 이해를 할 수 있도록 하는 데 기여하고 있다. AI 뉴스봇은 한국경제신문의 홈페이지와 모바일 앱에서 확인할 수 있다.

다음은 "AI 뉴스봇"의 대표적인 기능이다.
뉴스 기사 요약 : 뉴스 기사의 주요 내용을 500자 내외로 요약하여 제공.
뉴스 기사 비교 : 동일한 주제에 대한 뉴스 기사를 비교하여 제공.
뉴스 기사 추천 : 독자의 관심사에 맞는 뉴스 기사 추천.

"AI 뉴스봇"은 아직 초기 단계에 있지만, 앞으로 뉴스 기사의 소비 방식을 변화시킬 수 있는 잠재력을 가지고 있다.

20 조선일보의 "서학개미봇"은 미국 주식 시장에 투자하는 국내 투자자들을 위한 AI 기반 정보를 제공하는 서비스다. 2021년 11월에 처음 출시되었으며, 미국

를 분석하여 투자 정보를 제공한다.

　이러한 사례는 AI 저널리즘이 다양한 분야에서 성공적으로 적용되고 있음을 보여 준다. AI 저널리즘은 뉴스 콘텐츠의 생산성, 정확성, 창의성을 향상시킬 수 있는 잠재력을 가지고 있다.

7. AI와 미래의 미디어 기업

　어떤 미래든 미래를 예측하는 것은 어렵다. AI는 대량언어모델(LLM)이다 보니 과거 자료를 모집하고 분석하는 건 뛰어나지만, 미래 예측은 상대적으로 약한 분야다.

　여기서도 AI 기술이 가져온 변화가 현재에 미치는 영향을 바탕

주식 시장의 시황, 종목 정보, 뉴스 등을 제공한다.

다음은 "서학개미봇"의 특징이다.
빠른 정보 제공 : 미국 주식 시장의 시황과 종목 정보를 실시간으로 제공함으로써 투자자들이 빠르게 시장의 흐름을 파악하고 투자 결정을 내릴 수 있게 한다.
다양한 정보 제공 : 미국 주식 시장에 대한 다양한 정보를 제공한다. 시황, 종목 정보, 뉴스뿐만 아니라 투자 전략, 분석 자료 등도 제공함으로써 투자자들이 보다 깊이 있는 투자를 할 수 있도록 한다.
맞춤형 정보 제공 : 투자자의 관심사에 맞는 정보, 즉 투자자의 관심 종목, 투자 스타일 등을 분석하여 맞춤형 정보를 제공한다.

으로 미래를 그려보겠다. 미디어 기업의 비즈니스 모델 및 전략에 미치는 영향에 대한 기존의 예측은 다음과 같다.

첫째, 생산성 향상 : AI를 사용하여 콘텐츠 생성, 분석, 마케팅 등을 자동화함으로써 미디어 기업은 생산성을 향상시킬 수 있다. 즉 AI를 사용하여 뉴스 기사의 요약을 생성하거나 데이터 시각화를 생성할 수 있다.

둘째, 정확성 향상 : AI를 사용하여 데이터를 분석함으로써 미디어 기업은 콘텐츠의 정확성을 향상시킬 수 있다. 즉 AI를 사용하여 뉴스 기사의 오류를 식별하거나 뉴스 기사의 사실성을 검증할 수 있다.

셋째, 맞춤화 향상 : AI를 사용하여 사용자의 관심사와 선호도를 분석함으로써 미디어 기업은 맞춤화된 콘텐츠를 제공할 수 있다. 즉 AI를 사용하여 사용자에게 추천 콘텐츠를 제공하거나 사용자와의 상호작용을 보다 자연스럽게 만들 수 있다.

넷째, 새로운 비즈니스 기회 창출 : AI를 사용하여 새로운 콘텐츠 형식과 서비스를 개발함으로써 미디어 기업은 새로운 비즈니스 기회를 창출할 수 있다. AI를 사용하여 사용자와의 상호작용을 보다 몰입감 있게 만들거나, 사용자에게 보다 개인화된 경험을 제공할 수 있다.

　AI 기술을 잘 활용하는 미디어 기업은 새로운 비즈니스 기회를 창출하고, 경쟁 우위를 확보할 수 있다. 이를 바탕으로 AI 활용의 전략적 미래를 예측해 볼 수 있다.

　첫째, AI 기술의 발전에 따른 새로운 가능성 : AI 기술의 지속적인 발전에 따라 미디어 기업이 활용할 수 있는 새로운 가능성도 생겨날 것이다. AI를 사용하여 뉴스 기사를 생성하는 것뿐만 아니라, 뉴스 기사의 아이디어를 도출하거나 뉴스 기사의 전달 방식을 개선할 수 있다.

　둘째, AI 기술과 다른 기술의 융합 : AI 기술은 다른 기술과 함께 사용될 때 더욱 시너지 효과를 발휘할 수 있다. 즉 AI 기술과 가상현실 기술을 결합하여 몰입감 있는 뉴스 경험을 제공할 수 있다.

　셋째, AI 기술의 윤리적 문제 : AI 기술의 발전은 새로운 윤리적 문제를 야기할 수도 있다. 즉 AI를 사용하여 뉴스 기사를 생성할 경우, 뉴스의 정확성과 공정성을 어떻게 보장할 것인지에 대한 문제가 제기될 수 있다.

AI 기술은 미래 산업 생태계를 바꿔 놓을 것이다. 미디어 산업에 미치는 영향도 보다 크게 나타날 것이다. 이를 준비하고 적극적으로 활용하는 미디어 기업과 그렇지 않은 기업의 격차는 갈수록 커질 것으로 보인다.

제11장
미디어가 전하는
AI 실수 사례와 전문가 진단

앞 장에서 부족하다고 생각되는 실제 다양한 사례를 예시하여 전문가의 진단 등을 미디어 보도를 토대로 전달하고자 한다. 여기 소개되는 AI 실수는 현재에도 유사하게 발생하고 있고, 또한 우리 사회를 혼란에 빠트릴 위험성도 있어 경각심이 필요한 부분이다. 이에 대한 전문가 진단을 전하는 미디어의 내용 중 중요하다고 생각되는 최신 뉴스를 선별하여 소개한다.

또 미디어가 전하는 AI 실수 사례 뉴스는 내용이 충분하지 않거나 잘 이해할 수 없는 부분은 다시 생성 AI 도움을 받아 확인하여 업데이트했다. 그리고 미디어가 전한 전문가의 진단과 유사한 질문을 국내 AI 전문가에게도 확인, 공통적이거나 상반된 내용을 정리했다. 원문을 확인하려는 분들을 위해 출처도 밝혀두었다.

기사 전문을 읽기에 부담스런 독자들을 위해 AI가 간단하게 줄인 요약문을 실었다. 제대로 요약했는지 비교하면서 전문을 봐도 좋을 것 같다.

1. 인간보다 더 똑똑해질 AI의 미래

"인류보다 1만 배 똑똑 AGI… 붕어vs인간 지능 격차"

AI 요약문

손정의 소프트뱅크그룹 회장은 10월 4일 열린 '소프트뱅크월드 2023' 기조연설에서 AGI(Artificial General Intelligence)의 중요성을 강조하며, AGI를 활용하지 않는 기업과 국가는 경쟁에서 뒤처질 것이라고 경고했다.

손 회장은 AGI를 "인간이 할 수 있는 지적인 업무를 성공적으로 할 수 있는 AI"라고 정의하며, 인류의 지능을 10배 이상 뛰어넘는 시점을 AGI라고 보았다. 그는 AGI가 10년 내 인류보다 10배, 20년 내 1만 배 똑똑해질 것으로 전망하며, AGI가 우리의 모든 산업, 인생관, 교육, 사는 법, 인간관계를 바꿔 놓을 것이라고 주장했다.

손 회장은 AGI를 제대로 활용하지 않는 기업과 국가는 경쟁력에서 뒤처질 것이라고 경고했다. 그는 일본이 인터넷을 제대로 활용하지 못해 경쟁력을 잃은 사례를 들며, AGI를 활용하는 기업과 국가가 진화할 것이라고 말했다.

손 회장은 AGI를 적극 활용하는 소프트뱅크의 사례를 소개하며, AGI는 위험하지만 사고를 막기 위한 규칙을 만드는 것은 찬성하지만 위험하니 사용하지 말자는 것은 반대한다고 말했다. 그는 AGI를 받아들일지 말지는 앞으로 기업, 국가 간 결정적인 차이를 만들게 될 것이라고 덧붙였다.

손 회장의 강연은 AGI의 중요성과 그에 따른 기업과 국가의 대응 방향에 대한 시사점을 제공한다.

소프트뱅크월드 2023년 10월 4일 온·오프라인 개최
"AGI 위험? 쓰지 않으면 도태, 기업·국가 적극 활용해야"

손정의 소프트뱅크그룹 회장이 4일 온·오프라인으로 열린 '소프트뱅크월드 2023' 강단에 기조연설자로 섰다. 소프트뱅크는 AI 투자에 힘을 쏟고 있다. 그는 미래 주목할 기술 중 하나로 AI보다 더 진화된 AGI를 강조했다.

"AGI 활용 거부는 인간이 금붕어 지능으로 인생을 살아가는 것과 마찬가지다. 10년 후 인류보다 10배, 20년 후 1만 배 똑똑

해질 AGI를 활용에 우리 미래가 달려 있다."

손정의 소프트뱅크그룹 회장은 인류의 미래가 AGI(Artificial General Intelligence)에 달려 있다며 이같이 강조했다. 특히 그는 "초기 인터넷을 받아들이지 않았던 일본은 잃어버린 30년을 겪었다. AGI를 쓰는 기업과 사람, 국가가 진화한다. 똑똑해지는 시대에 우리가 어떻게 대처할지 본질을 생각해야 한다"고 강조했다.

손 회장은 4일 오전 온·오프라인으로 진행된 '소프트뱅크월드 2023' 강단에 섰다. 코로나19 이후 오프라인으로 진행된 첫 행사였다. 매년 가을에 열리는 소프트뱅크월드에서 주요 연사로 나서는 손 회장은 미래를 변화시킬 기술을 제안했다. 최근 수년간 소프트뱅크그룹의 투자에서 볼 수 있듯, 손 회장이 미래 주목하는 기술은 AI다. 이날 강연에서는 AI보다 더 진화한 AGI에 대해 수차례 강조했다.

AGI는 인간이 할 수 있는 지적인 업무를 성공적으로 할 수 있는 AI를 말한다. 그는 "장기, 체스, 바둑 등 특정 분야에서 인간을 뛰어넘는 AI와 달리, AGI는 인간의 거의 전 분야를 뛰어넘는 콘셉트를 가지고 있다"며 "인류의 지능을 10배 이상 뛰어넘는 시점을 AGI라고 본다"고 설명했다.

AI 관련 연구자들은 AGI 달성 시기에 대해 확답을 내놓고 있지 못한 상황이다. 하지만 손 회장은 인류가 AGI를 달성하는 데 단 10년밖에 걸리지 않을 것으로 봤다. 그는 "AGI가 우리의 모든 산업, 인생관, 교육, 사는 법, 인간관계를 바꿔 놓을 것" 이라고 강조했다.

그는 AGI를 제대로 활용하지 않는 기업과 국가는 경쟁력에서 뒤처질 것이라고 경고했다. 1980년대 세계 10위권에 이름을 올린 일본 기업은 총 8개였지만, 인터넷 등장과 함께 미국 기업들에 상위권을 모조리 내줄 수밖에 없었던 것도 미래 기술에 유연하게 대응하지 못했기 때문이라는 설명이다.

그는 "당시 일본의 대기업, 지식인들에게 인터넷의 중요성을 강조했지만 인터넷과 같은 가상현실은 리얼 세계와 전혀 다르다며 무시했다. 모노즈쿠리 정신(もの造り, 혼신의 힘을 다해 최고의 제품을 만드는 것)에 일본의 혼이 있다고 말했던 기업들은 결국 인터넷을 활용한 기업에게 최고의 자리를 내줬다"며 "잃어버린 30년이 시작된 것도 인터넷이 나오는 시기와 맞물린다"고 했다.

일본이 인터넷을 활용하지 못한 것은 쓴 경험이지만 손 회장은 더 큰 시장이 AGI에 있다고 봤다. 그는 "구글이나 메타 등 인터넷 기반 기업들이 다투는 사업 영역은 광고로 산업의 1%를 차지한다"면서 "AGI는 물류, 제약, 금융, 제조업 등 대부분의 산업에 영향을 줄 것이다. 사람을 대신해 운전을 할 수도 있고 사람과 같은 콜센터 서비스, 유전자 해석에 따른 개별 의료, 제약 등 무궁무진하다"고 피력했다.

"10년 내 AGI는 대부분 분야에서 인류보다 10배 똑똑해질 것이다. 이는 사람보다 뉴런 수가 10분의 1인 원숭이와 인류의 차이 정도가 될 것이다. 또 10년 후에는 1만 배 똑똑해져 원숭이도 아닌 사람과 금붕어 지능 정도로 차이가 날 거다. 사실 몇 배든 상관없다. AGI 시대에 어떻게 할지 본질을 생각해야 한다. 우리의 미래가 지금 단 10년에 달려 있다."

AI의 미래를 우려하는 시선도 있다. 일본도 AI 활용에 인색한 편이다. 그에 따르면 챗GTP를 적극적으로 활용하는 일본 기업은 7% 정도다. 일본 기업 중 77%가 챗GTP 사용을 금지하고 있다. 반면 미국은 51% 기업이 챗GTP를 적극 활용하고 있는 것으로 알려져 있다.

소프트뱅크는 AI를 적극 활용하며 노선을 달리하고 있다. AI 얼굴 인식 기술로 사원증을 없앴고, 상금 1,000만 엔을 걸고 직원 대상 '생성형 AI 콘테스트'도 개최해 많은 아이디어를 모집하고 특허를 출원했다. 손 회장은 챗GTP와 토론하는 것을 즐기기도 한다.

그는 "사고의 위험성이 있지만 편하기 때문에 자동차나 전기 등을 사용하지 않나. AI도 마찬가지라고 생각한다. 사고를 막기 위한 규칙을 만드는 것은 찬성하지만, 위험하니까 사용 자체를 하지 말자는 것은 반대"라며 "AI를 받아들일지 말지는 앞으로 기업, 국가 간 결정적인 차이를 만들게 될 것"이라고 덧붙였다.

마지막으로 그는 "지금까지 인류는 지구에서 지혜의 정점에서 새로운 도구와 문화를 만들었다. 하지만 10년 내 AGI는 대부분 분야에서 인류보다 10배 똑똑해질 것이다. 이는 사람보다 뉴런 수가 10분의 1인 원숭이와 인류의 차이 정도가 될 것"이라며 "또 10년 후에는 1만 배 똑똑해져 원숭이도 아닌 사람과 금붕어 지능 정도로 차이가 날 거다. 사실 몇 배든 상관없다. AGI 시대에 어떻게 할지 본질을 생각해야 한다. 우리의 미래가 지금 단 10년에 달려 있다"고 주장했다.

한편, 소프트뱅크월드 2023은 6일까지 온·오프라인으로 동시에 진행된다. 소프트뱅크 임원과 투자사, IT 정부 관계자 등이 AI의 미래와 보안, 소매음식점의 디지털화 등을 강연한다. 자세한 내용은 소프트뱅크 홈페이지에서 확인 가능하다.

HelloDD, 김지영 기자(입력 2023.10.04.)

2. 어설픈 기사로 조롱거리 된 AI 기자 외… 'AI 재난'

AI 요약문

1) 가넷 AI의 고등학교 스포츠 기사 작성 실패 : 가넷 AI는 리드(LedeAI)라는 AI 도구를 사용하여 고등학교 스포츠 기사를 작성했다. 하지만 이 AI 도구가 작성한 몇 건의 기사가 부실

하게 작성되었으며, 주요 세부 사항이 부족하다는 소문이 퍼진 후 가넷은 이 서비스를 잠정 중단한다고 발표했다.

2) 아이튜터그룹의 채용 AI : 사설 교육 회사인 아이튜터그룹은 중국 학생들에게 원격 과외 서비스를 제공하면서 55세 이상의 여성 지원자와 60세 이상의 남성 지원자를 자동으로 거부하는 AI 기반 채용 소프트웨어를 사용했다고 밝혔다. 미국 평등고용기회위원회(EEOC)는 200명 이상의 자격을 갖춘 지원자가 이 소프트웨어에 의해 자동으로 거부되었다고 말했다.

3) 법정 소송을 혼란에 빠뜨린 챗GPT : 2023년 변호사 스티븐 A. 슈워츠는 콜롬비아 아비앙카 항공을 상대로 한 소송(미국 연방지방법원) 판례 조사에 챗GPT를 사용해 곤경에 처했다. 챗GPT가 서류에 기록한 사례 중 최소 6건은 애초에 존재하지 않았다. 판사 P. 케빈 카스텔은 슈워츠가 제출한 사례에 가짜 이름과 가짜 사건번호, 가짜 인용문이 담겼다고 지적했다.

4) 코로나19 바이러스 진단에 실패한 AI 알고리즘 : 코로나19 팬데믹이 시작된 이후 여러 조직들이 병원 진단을 돕거나 환자를 더욱 신속하게 분류할 수 있도록 머신 러닝(ML) 알고리즘을 적용하려 했다. 하지만 영국의 국립 데이터 사이언스 및 AI 센터 TI(Turing Institute)에 따르면 이 예측 도구는 별다른

차이를 만들어 내지 못했다.

5) 질로우(Zillow)의 주택 구매 실패 : 온라인 부동산 기업 질로우는 주택 가격을 예측하기 위해 사용한 머신 러닝 알고리즘에 커다란 오류가 있어 인력을 감축해야 했다. 질로우 오퍼는 프로그램이었고, 이를 통해 해당 기업은 머신 러닝 알고리즘에서 파생된 주택 가치에 대한 '제스티메이트(Zestimate)'에 기초하여 부동산에 대한 현금 가격을 제시했다. 핵심은 부동산을 개보수하고 신속하게 재판매하는 것이었다. 하지만 질로우의 대변인에 따르면 알고리즘의 중앙값 오류율이 1.9%였고, 장외 주택의 오류율은 최대 6.9%에 달했다.

6) 스프레드시트 데이터 한계를 초과하여 코로나19 사례를 잃은 영국 : 2020년 10월, 새로운 코로나19 감염 통계를 담당하는 영국 정부기관 PHE(Public Health England)는 9월 25일과 10월 2일 사이에 약 1만6천 건의 코로나바이러스 사례가 보고되지 않았다고 밝혔다. 그 원인은? 마이크로소프트 엑셀의 데이터 한계였다.

7) 의료 알고리즘이 흑인 환자를 표시하지 못하다 : 2019년 사이언스(Science)에 게재된 논문에 따르면 '고위험 치료관리' 프로그램이 필요한 환자를 확인하기 위해 미국 전역의 병원

과 보험사가 사용하는 의료 예측 알고리즘이 흑인 환자를 선별할 가능성이 매우 낮은 것으로 나타났다.

8) 마이크로소프트 챗봇이 인종차별적 트윗을 작성하다 : 2016년 3월, 마이크로소프트는 트위터 상호작용을 머신 러닝 알고리즘을 위한 훈련 데이터로 사용하면 당황스러운 결과를 얻을 수 있음을 배웠다.

이러한 사례들은 AI 기술이 아직 초기 단계에 있으며, 많은 잠재적 위험과 한계가 있음을 보여 주었다. AI 기술을 개발하고 사용하는 데 주의가 필요하며, 편견과 차별을 완화하기 위한 조치를 취하는 것이 중요하다.

데이터와 머신 러닝 알고리즘을 통해 얻은 인사이트는 귀중하지만, 한 번의 실수로 인해 평판, 수익, 심지어 생존까지도 위협받을 수 있다. 아래의 분석과 AI 실수 사례는 과연 무엇이 잘못될 수 있는지 보여 주는 유명한 사례다.

2017년, 이코노미스트는 데이터가 석유보다 귀중한 자원이 되었다고 선언했다. 그 이후 비슷한 진단이 이어졌다. 모든 산업의 조직들이 데이터와 분석에 지속적으로 투자했다. 하지만 석유와 마찬가지로 데이터와 분석에는 어두운 면이 있다.

2023년 'CIO(Chief Information Officer) 현황 보고서'에 따르면 IT 리더 중 34%가 올해 소속 조직에서 데이터 및 비즈니스 분석에 투자가 증가할 것이라고 밝혔다. 그리고 IT 리더 중 26%는 머신 러닝/인공지능이 대부분의 IT 투자를 유도할 것이라고 했다. 분석을 통해 얻은 인사이트와 머신 러닝 알고리즘에 기초한 행동은 조직에 경쟁력을 제공할 수 있지만 평판, 수익 또는 생존을 위협할 수도 있다.

데이터와 그 의미를 이해하는 것이 중요하지만 도구를 이해하고 데이터를 알며 조직의 가치를 계속 생각하는 것도 중요하다. 지난 10년 동안 발생한 주요 사고를 살펴보겠다.

1) 고등학교 스포츠 기사를 엉망으로 만든 가넷 AI

2023년 8월, 신문 체인 가넷은 리드(LedeAI)라는 AI 도구의 사용을 잠정 중단한다고 발표했다. 이 AI 도구가 작성한 몇 건의 기사가 부실하게 작성되었으며, 주요 세부 사항이 부족하다는 소문이 퍼진 후였다.

CNN은 인터넷 아카이브의 웨이백 머신에 보존된 한 가지 사례를 들며 "토요일에 열린 오하이오주 남자 축구 경기에서 워딩턴 크리스천 [우승팀_마스코트]가 웨스터빌 노스 [패자팀_마스코트]를 2-1로 물리쳤다"라고 시작되는 기사를 지적했다.[21]

CNN은 루이빌 쿠리어 저널, AZ 센트럴, 플로리다 투데이,

밀워키 저널 센티넬 등 다른 지역 가넷 신문에서도 유사한 기사를 포착했다.

이 기사들이 소셜 미디어에서 조롱의 대상이 되자, 가넷은 이 서비스를 사용하던 모든 지역 시장에서 리드AI의 사용을 일시 중지하기로 결정했다. 리드AI의 CEO 제이 앨레드는 CNN에 보낸 성명에서 유감을 표명하고 문제 해결을 위해 24시간 내내 노력하겠다고 약속했다.

2) 나이를 이유로 지원자를 거부한 아이튜터그룹의 채용 AI

2023년 8월, 사설 교육 회사인 아이튜터그룹은 미국 평등고용기회위원회(EEOC)가 제기한 소송을 무마하는 조건으로 36만

---

21 이 내용만으로는 무엇이 잘못됐는지 이해할 수 없다. AI 확인 결과에 따르면, CNN은 인터넷 아카이브의 웨이백 머신에 보존된 한 가지 사례를 들며 "토요일에 열린 오하이오주 남자 축구 경기에서 워딩턴 크리스천 [우승팀_마스코트]가 웨스터빌 노스 [패자팀_마스코트]를 2-1로 물리쳤다"라고 시작되는 기사를 지적했다. 이 기사의 문제점은 다음과 같다.

우승팀의 마스코트도 잘못되었다. 우승팀은 워딩턴 크리스천 팀인데, 기사에는 "워딩턴 크리스천 [우승팀_마스코트]"라고 되어 있다. 실제 마스코트는 "크리스천 라이온스"다.
패자팀의 마스코트가 잘못되었다. 패자팀은 웨스터빌 노스 팀인데, 기사에는 "웨스터빌 노스 [패자팀_마스코트]"라고 되어 있다. 실제 마스코트는 "웨스터빌 노스 워리어스"다.
경기 결과도 잘못되었다. 경기 결과는 2-1로 워딩턴 크리스천 팀이 승리했는데, 기사에는 "웨스터빌 노스 팀이 승리했다"고 되어 있다.

5천 달러를 지불하기로 합의했다. 연방기관은 중국 학생에게 원격 과외 서비스를 제공하는 이 회사가 55세 이상의 여성 지원자와 60세 이상의 남성 지원자를 자동으로 거부하는 AI 기반 채용 소프트웨어를 사용했다고 밝혔다.

EEOC는 200명 이상의 자격을 갖춘 지원자가 이 소프트웨어에 의해 자동으로 거부되었다고 말했다.

샬롯 A. 버로우스 EEOC 위원장은 "연령 차별은 부당하고 불법이다. 기술이 차별을 자동화하더라도 고용주는 여전히 책임이 있다"라고 말했다.

아이튜터그룹은 잘못을 부인하면서도 소송에 합의하기로 결정했다. 또 합의 및 동의 명령의 일환으로 새로운 차별 금지 정책을 채택하는 데 동의했다.

3) 법정 소송을 혼란에 빠뜨린 챗GPT

2023년은 대규모 언어모델(LLM)이 괄목할 만한 발전을 이뤘다. 대부분 산업 분야에서 생성형 AI의 잠재력에 관심을 보였고, 그 중심에는 오픈AI의 챗GPT가 있다. 챗GPT에 대한 시장의 폭넓은 관심은 생성형 AI가 앞으로 업무의 본질을 얼마나 크게 바꿔 낼지를 시사한다.

하지만 생성형 AI는 아직 대부분의 업무 프로세스를 안정적으로 대체하기에 이른 감이 있다. 한 변호사의 사례가 이를 잘 보여 준다. 2023년 콜롬비아 아비앙카 항공을 상대로 한 소송

(미국 연방지방법원) 판례 조사에 챗GPT를 사용해 곤경에 처한 변호사 스티븐 A. 슈워츠의 사례다.

로펌 레비도우, 레비도우 앤 오버만의 변호사 슈워츠는 아비앙카 직원 로베르토 마타가 2019년 부상을 입고 제기한 소송 과정에 챗GPT를 사용했다. 문제가 뭐였을까? 챗GPT가 서류에 기록한 사례 중 최소 6건은 애초에 존재하지 않았다. 판사 P. 케빈 카스텔은 슈워츠가 제출한 사례에 가짜 이름과 가짜 사건번호, 가짜 인용문이 담겼다고 지적했다.

슈워츠는 사건 진술서에서 챗GPT를 법률 연구 자료로 사용한 것이 처음이라고 밝히며 "내용 자체가 허위일 가능성은 고려하지 못했다"고 말했다. 그는 AI 챗봇이 제공한 출처를 검증하지 않았다고 인정했다. 또 슈워츠는 "본 법률 연구를 보완하기 위해 생성형 인공지능을 활용한 것을 크게 후회하며 앞으로도 진위 여부에 대한 확실한 검증 없이는 절대 사용하지 않을 것"이라고 말했다.

2023년 6월 슈워츠는 법원의 제재를 받을 위기에 처했다.[22]

---

22 슈워츠는 2023년 6월 22일, 뉴욕 맨해튼 연방법원으로부터 각각 5천 달러의 벌금을 부과받았다. 또한 자신이 제출한 가짜 판례에 등장하는 판사들에게 이 사실을 알리도록 명령받았다. 법원은 판결문에서 "AI를 통해 허위로 작성된 법률 자료는 자칫 법조계와 미국 사법제도에 대한 냉소주의를 조장할 수 있다"고 밝혔다. 또 변호사들이 해당 자료를 챗GPT를 사용해 찾았다고 솔직하게

4) 코로나19 바이러스 진단에 실패한 AI 알고리즘

코로나19 팬데믹이 시작된 이후 여러 조직들이 병원 진단을 돕거나 환자를 더욱 신속하게 분류할 수 있도록 머신 러닝(ML) 알고리즘을 적용하려고 했다. 하지만 영국의 국립 데이터 사이언스 및 AI 센터 TI(Turing Institute)에 따르면 이 예측 도구는 별다른 차이를 만들어 내지 못했다.

MIT 테크놀로지 리뷰(MIT Technology Review)는 여러 AI 실패 사례를 연대기 순으로 나열한 바 있다. 대부분 도구를 훈련시키거나 테스트하는 동안 발생한 오류에 기인한 것이었다. 라벨이 잘못 적용된 데이터나 알 수 없는 출처의 데이터를 사용하는 것이 공통적인 원인이었다.

케임브리지대학교 머신 러닝 연구원 데렉 드릭스는 동료들과 함께 코로나19 바이러스 진단에 딥러닝 모델의 사용을 연구했으며, 해당 논문을 NMI(Nature Machine Intelligence)에 발표했다.

이 논문에는 임상 용도로 적합하지 않은 기법을 다룬 내용이 담겨 있다. 예를 들어 드릭스의 그룹은 자체 모델이 스캔 중 누워 있는 환자와 서 있는 환자의 스캔을 포함한 데이터 세트로

얘기했다면 처벌하지 않을 수도 있었다고 덧붙였다. 슈워츠는 판결에 대해 항소하지 않기로 결정했다.

훈련했기 때문에 결함이 있다는 사실을 발견했다. 누워 있던 환자들은 심각하게 아플 가능성이 훨씬 높기 때문에 알고리즘은 환자의 자세를 코로나19 증상의 주요 변인으로 추정했다.

유사한 예로 건강한 어린이의 흉부 스캔을 포함하는 데이터 세트로 훈련된 알고리즘이 있다. 이 알고리즘은 고위험 환자가 아닌 어린이를 식별하는 방법을 학습했다.[23]

---

23 케임브리지대학교 머신 러닝 연구원 데렉 드릭스와 동료들은 코로나19 바이러스 진단에 딥러닝 모델을 사용하는 연구를 수행했다. 이 연구에서 연구진은 폐렴 환자의 엑스레이 이미지를 사용하여 딥러닝 모델을 훈련시켰다. 훈련된 모델은 코로나19 바이러스에 감염된 환자와 감염되지 않은 환자를 구별할 수 있었다. 그러나 이 연구는 몇 가지 중요한 결함이 있었다.
첫째, 연구진은 폐렴 환자의 엑스레이 이미지만 사용하여 모델을 훈련시켰다. 이는 코로나19 바이러스 감염 환자의 엑스레이 이미지를 충분히 확보하지 못했기 때문이다. 둘째, 연구진은 모델을 테스트할 때 다양한 출처의 데이터를 사용했다. 이는 모델의 성능을 정확하게 측정하기 어렵게 만들었다. 이러한 결함으로 인해 연구진은 코로나19 바이러스 진단에 딥러닝 모델을 사용하는 것이 현실적으로 가능하다고 결론짓지 못했다. 연구진은 추가 연구가 필요하다고 밝혔다.

구체적인 잘못이나 실수로 다음과 같은 것들이 지적되었다.
데이터 부족 : 연구진은 폐렴 환자의 엑스레이 이미지만 사용하여 모델을 훈련시켰다. 이는 코로나19 바이러스 감염 환자의 엑스레이 이미지를 충분히 확보하지 못했기 때문이다. 데이터가 부족하면 모델이 정확하게 학습되지 못할 수 있다.
데이터 편향 : 연구진은 다양한 출처의 데이터를 사용하여 모델을 테스트했다. 이는 모델의 성능을 정확하게 측정하기 어렵게 만들었다. 데이터가 편향되어 있으면 모델이 특정 그룹의 데이터에만 잘 작동할 수 있다.
모델의 복잡성 : 연구진은 복잡한 딥러닝 모델을 사용했다. 이는 모델이 과적합될 가능성이 높다. 과적합된 모델은 학습 데이터에만 잘 작동할 수 있으며, 새로운 데이터에는 잘 작동하지 않을 수 있다.

5) 알고리즘의 실수로 주택 구매에 실패한 질로우(Zillow)

2021년 11월, 온라인 부동산 기업 질로우는 주주들에게 향후 7분기 동안 질로우 오퍼(Zillow Offers) 운영을 서서히 중단하고 회사 인력 중 약 2,000명에 달하는 25%를 감축할 것이라고 밝혔다. 주택 가격을 예측하기 위해 사용한 머신 러닝 알고리즘에 커다란 오류가 있었기 때문이다.

질로우 오퍼는 프로그램이었고, 이를 통해 해당 기업은 머신 러닝 알고리즘에서 파생된 주택 가치에 대한 '제스티메이트(Zestimate)'에 기초하여 부동산에 대한 현금 가격을 제시했다. 핵심은 부동산을 개보수하고 신속하게 재판매하는 것이었다. 하지만 질로우 대변인에 따르면, 알고리즘의 중앙값 오류율이 1.9%였고, 장외 주택의 오류율은 최대 6.9%에 달했다.

CNN은 질로우가 2018년 4월 질로우 오퍼 출시 이후 2만7천 채의 주택을 구매했지만 2021년 9월 말까지 1만7천 채만 판매했다고 보도했다. 코로나19 팬데믹 같은 블랙스완 이벤트와 주택 개보수 노동력 부족이 알고리즘의 정확도 문제를 심화시켰다.

질로우는 알고리즘으로 인해 의도하지 않게 주택을 높은 가격으로 구매하여 2021년 3/4분기에 3억4백만 달러의 재고자산 평가절하가 발생했다고 밝혔다.

질로우의 공동 창립자이자 CEO인 리치 바튼은 투자자와의 컨퍼런스 콜에서, 알고리즘을 조정하는 일이 가능할지도 모르겠지만 궁극적으로 매우 위험하다고 말했다.

6) 스프레드시트 데이터 한계 초과로 코로나19 사례를 잃은 영국

2020년 10월, 새로운 코로나19 감염 통계를 담당하는 영국 정부기관 PHE(Public Health England)는 9월 25일과 10월 2일 사이에 약 1만6천 건의 코로나바이러스 사례가 보고되지 않았다고 밝혔다. 그 원인은? 마이크로소프트 엑셀의 데이터 한계였다.

PHE는 자동화된 프로세스를 통해 CSV 파일의 코로나19 양성 결과를 보고 대시보드가 접촉 추적을 위해 사용하는 엑셀 템플릿으로 전환했다. 엑셀 스프레드시트는 워크시트당 최대 104만 8,576개의 행과 1만6,384개의 열을 가질 수 있다. PHE는 사례를 행보다 열로 나열하고 있었다. 사례가 1만6,384개의 열 한계를 초과하자 엑셀은 하단에 있는 1만5,841개의 기록을 잘라냈다.

이 '결함' 때문에 테스트를 받은 사람이 결과를 받지 못하는 일은 없었지만 접촉 추적에 방해가 되어 영국 NHS가 감염된 환자와 밀접 접촉한 사람을 확인하고 알림을 제공하기가 더 어려웠다. 10월 4일 성명에서 PHE의 임시 총책임자 마이클 브로디는 NHS T&T(Test and Trace)와 PHE가 이 문제를 신속하게 해결하고 아직 처리되지 않은 기존의 모든 사례를 NHS T&T 접촉 추적 시스템으로 즉시 전송했다고 말했다.

PHE는 대용량 파일을 분할하는 '신속 마이그레이션'을 마련했으며 미래의 유사한 사고를 방지하기 위해 전체 시스템을 대상으로 완전한 E2E(End to End) 리뷰를 수행했다.[24]

7) 흑인 환자를 표시하지 못한 의료 알고리즘

2019년 사이언스(Science)에 게재된 논문에 따르면 '고위험 치료 관리' 프로그램이 필요한 환자를 확인하기 위해 미국 전역의 병원과 보험사가 사용하는 의료 예측 알고리즘이 흑인 환자를 선별할 가능성이 매우 낮은 것으로 나타났다.

고위험 치료 관리 프로그램은 심각한 합병증을 예방하기 위해

---

[24] 위 내용을 조금 이해하기 어려운 사람들을 위해 재정리했다. 영국은 코로나19 감염 통계를 파악하기 위해 마이크로소프트 엑셀을 사용했다. 엑셀은 행과 열로 구성된 스프레드시트 프로그램이다. 각 행은 하나의 데이터를 나타내고 각 열은 데이터의 한 속성을 나타낸다.

영국은 코로나19 감염 사례를 열로 나열했다. 즉 각 열은 하나의 사례를 나타낸다. 엑셀 스프레드시트는 워크시트당 최대 1만6,384개의 열을 가질 수 있다.

9월 25일과 10월 2일 사이에 영국에서 약 1만6천 건의 코로나19 사례가 발생했다. 이 사례가 엑셀의 열 한계를 초과하자 엑셀은 하단에 있는 1만5,841개의 기록을 잘라냈다. 이로 인해 영국은 약 1만5,841건의 코로나19 사례를 놓치게 되었다. 이 사례는 접촉 추적에 사용되지 않았기 때문에 감염된 환자와 밀접 접촉한 사람을 확인하고 알림을 제공하기가 더 어려워졌다. 이 문제를 해결하기 위해 영국은 엑셀을 대신하여 다른 데이터베이스 시스템을 사용했다. 쉽게 설명하자면, 영국이 코로나19 감염 사례를 기록하기 위해 사용한 엑셀 스프레드시트는 열의 개수가 한정되어 있어 영국에서 발생한 코로나19 사례가 이 한계를 초과하면서 일부 사례가 기록되지 못했고 접촉 추적도 어려워졌다. 그래서 영국은 다른 데이터베이스 시스템을 사용하기 시작했다.

만성 질환 환자에게 숙련된 간호 인력과 1차 의료 모니터링을 제공했다. 하지만 해당 알고리즘은 흑인 환자보다 백인 환자에게 이 프로그램을 추천할 가능성이 훨씬 높았다.

해당 연구에서는 알고리즘이 사람의 의료 필요를 판단하기 위해 의료 지출을 프록시(Proxy)로 사용했다는 사실을 발견했다. 하지만 SA(Scientific American)에 따르면 더 아픈 흑인 환자의 의료 비용이 더 건강한 백인 환자의 비용과 유사한 것으로 나타났으며, 이로 인해 실제 필요한 것보다 낮은 위험 점수를 받았다. 해당 연구원들은 몇 가지 요소가 기여했을 수 있다고 밝혔다.

무엇보다 유색 인종은 수입이 낮을 가능성이 더 높고, 이로 인해 보험 적용 시에도 의료적 치료에 대한 접근성이 낮아질 수 있다. 암묵적 편견으로 인해 유색 인종이 저품질 진료를 받을 수도 있다.

해당 연구에서는 알고리즘이나 개발자의 이름을 밝히지 않았지만 연구원들은 SA에 이 상황을 해결하기 위해 개발자와 협력하고 있다고 밝혔다.[25]

---

25 간단히 설명하자면, 미국에서 사용되는 의료 예측 알고리즘이 흑인 환자를 백인 환자보다 적게 선별한다는 것이다. 이 알고리즘은 환자의 의료 지출을 사용하여 환자의 위험도를 평가했지만 흑인 환자는 백인 환자보다 의료 지출이 낮은 경향이 있다. 이는 흑인 환자가 더 가난하거나, 의료 접근성이 낮거나, 의료 서비스에 대한 접근성이 낮기 때문일 수 있다. 이로 인해 흑인 환자는 실제보다 낮은 위험 점수를 받게 된다. 이는 흑인 환자가 고위험 치료 관리 프로그램에 참여할 가능성이 낮아짐을 의미한다.

8) 인종차별적 트윗을 작성한 마이크로소프트 챗봇

2016년 3월, 마이크로소프트는 트위터 상호작용을 머신 러닝 알고리즘을 위한 훈련 데이터로 사용하면 당황스러운 결과를 얻을 수 있음을 배웠다.

마이크로소프트는 소셜 미디어 플랫폼에 AI 챗봇 테이(Tay)를 공개했다. 해당 기업은 이것이 '대화형 이해' 실험이라고 설명했다. 핵심은 머신 러닝과 자연어 처리를 조합하여 챗봇이 10대 소녀로 가장하여 트위터를 통해 사람들과 상호작용하는 것이었다. 마이크로소프트는 익명화된 공개 데이터와 코미디언들이 사전에 작성한 일부 자료를 입력한 후 소셜 네트워크에서의 상호작용으로부터 학습하고 진화할 수 있도록 했다.

16시간 안에 챗봇은 9만5천 개 이상의 트윗을 게시했다. 트윗

이 문제는 흑인 환자의 의료 결과를 악화시킬 수 있다. 고위험 치료 관리 프로그램은 심각한 합병증을 예방하는 데 도움이 될 수 있다. 하지만 흑인 환자가 이 프로그램에 참여하지 못하면 심각한 합병증에 걸릴 위험이 더 높아진다.

이 문제를 해결하기 위해 연구원들은 알고리즘을 개선하기 위해 노력하고 있다. 연구원들은 알고리즘이 의료 지출 이외에 다른 요소도 고려하도록 하는 방법을 찾고 있다. 예를 들어 알고리즘은 환자의 진단 기록이나 환자의 건강 상태를 고려할 수 있다.

또한 연구원들은 의료 시스템에서 편견을 줄이기 위한 방법을 찾고 있다. 의료 제공자들은 흑인 환자와 같은 유색 인종 환자에게 더 적절한 치료를 제공하도록 교육을 받을 수 있다.

이러한 노력을 통해 흑인 환자가 의료 서비스를 받을 수 있는 기회를 확대하고, 의료 결과를 개선할 수 있을 것이다.

들은 이내 과도하게 인종차별적이고 여성혐오적이며 반유대주의적으로 바뀌었다. 마이크로소프트는 조정을 위해 서비스를 신속하게 중단했으며 결국 종료했다.

"테이의 의도하지 않은 공격적이고 마음에 상처를 주는 트윗에 대해 깊은 유감을 표하며, 이는 우리의 정체성 또는 우리가 추구하는 것 또는 우리가 테이를 설계한 방식과 무관하다"고 마이크로소프트 R&I(Research & Incubations) 부사장(그리고 마이크로소프트 헬스케어 부사장) 피터 리가 사건 발생 후 마이크로소프트 블로그의 게시물을 통해 밝혔다.

리 부사장은 테이의 전작으로 2014년 중국에서 마이크로소프트가 공개한 샤오이스(Xiaoice)의 경우 테이 공개 2년 전 4천만 명 이상과 대화하는 데 성공했다고 밝혔다. 마이크로소프트가 고려하지 않은 것은 트위터 사용자 집단이 테이에게 즉시 인종차별주의적이고 여성혐오적인 트윗을 작성하기 시작할 것이라는 점이다. 봇은 자료를 통해 신속하게 학습하고 이를 자체 트윗에 포함시켰다.

리는 "우리는 다양한 유형의 시스템 남용에 대비했지만 이런 공격을 간과했다. 그 결과 테이는 극도로 부적절하고 비난받을 만한 단어와 이미지를 사용했다"고 밝혔다.

9) 남성 지원자만 추천한 아마존 AI 기반 채용 도구
많은 대기업들과 마찬가지로 아마존은 HR 부서가 최고 후보자들의 지원서를 선별하는 데 도움이 될 수 있는 도구를 원한다. 2014년 아마존은 이런 기능을 가진 AI 기반 채용 소프트웨어를 개발하기 시작했다. 그런데 한 가지 문제점이 있었다. 이 시스템은 남성 후보자를 훨씬 선호했다. 2018년 로이터는 아마존이 해당 프로젝트를 폐기했다는 소식을 전했다.

아마존 시스템은 후보자에게 1~5개의 별점을 주었다. 하지만 시스템의 핵심은 머신 러닝 모델이 아마존에 제출된 10년치 분량의 이력서로 훈련을 받았고, 대부분 남성이 작성한 것이었다. 이런 훈련 데이터로 인해 시스템은 '여성'이라는 단어가 포함된 이력서의 문구를 불리하게 판단하기 시작했으며, 여성 대학 출신의 후보자들을 떨어뜨리기도 했다.

당시 아마존은 채용 담당자들이 후보자를 평가하기 위해 해당 도구를 사용한 적이 없다고 밝혔다. 해당 기업은 도구를 중립화하기 위해 수정했지만 궁극적으로 후보자를 분류하는 다른 비차별적인 방식을 학습할 것임을 보장할 수 없다고 판단하고 프로젝트를 종료했다.[26]

---

26 아마존은 2023년 현재 AI 기반 채용 도구를 사용하지 않고 있다. 2018년 아마존은 남성 지원자만 추천하는 AI 기반 채용 도구를 폐기한 이후, 채용 담당자들이 후보자를 평가하는 방식으로 채용 프로세스를 되돌렸다.
아마존은 AI 기반 채용 도구를 다시 도입할 계획이 있는지 아직 밝히지 않았다. 하지만 아마존은 AI 기반 채용 도구를 개발하기 위한 연구를 계속하고 있다. 아마존은 AI 기반 채용 도구가 편견을 줄이고 더 공정하고 포괄적인 채용

10) 프라이버시를 침해한 타겟(Target) 분석

2012년 소매 대기업 타겟의 분석 프로젝트에서 기업들이 자체 데이터로부터 고객에 관해 얼마나 많은 것을 알 수 있는지를 보여 주는 사고가 발생했다. 뉴욕타임스에 따르면 2002년 타겟의 마케팅 부서는 고객이 임신했는지 여부를 판단할 수 있는 방법이 궁금해졌다.

이런 의문점은 예측 분석 프로젝트로 이어졌고, 이로 인해 해당 소매 기업은 의도하지 않게 10대 소녀의 가족에게 그녀가 임신했다는 사실을 알리게 되었다. 결과적으로 모든 기사와 마케팅 블로그에서 이 사건이 '오싹한 요소'를 피하라는 조언의 일부가 되었다.

타겟의 마케팅 부서는 사람들이 구매 습관을 급격하게 바꿀 가능성이 가장 높은 인생의 특정 시기(특히, 임신)가 있기 때문에 임신한 사람들을 확인하고자 했었다. 임신 기간에 있는 사람들에게 연락을 취할 수 있다면, 이런 고객들에게 새로운 행동을

프로세스를 만드는 데 도움이 될 수 있다고 믿고 있다.

아마존이 2023년 현재 활용하는 채용 프로그램은 다음과 같다.
인적 검토(Human Review) : 아마존 채용 담당자들이 후보자의 이력서와 자기소개서를 검토.
기술 인터뷰(Technical Interview) : 아마존 기술 전문가들이 후보자의 기술 역량을 평가.
문화 인터뷰(Culture Interview) : 아마존 직원들이 후보자의 문화 적합성을 평가.

유도하여 타겟에서 식료품, 의류 또는 다른 물품을 구매하도록 할 수 있다는 기대에서였다.

다른 모든 대형 소매기업들과 마찬가지로 타겟은 쇼핑객 코드, 신용카드, 설문조사 등을 통해 고객에 대한 데이터를 수집했다. 해당 데이터를 구매한 인구 통계 데이터 및 제3자 데이터와 결합했다. 타겟 분석팀은 이 모든 데이터를 분석하여 타겟에서 판매하는 약 25개의 제품을 함께 분석하여 '임신 예측' 점수를 생성할 수 있다고 판단했다. 마케팅 부서는 점수가 높은 고객에게 쿠폰과 마케팅 메시지를 제공했다.

추가적으로 밝혀진 사실도 오싹하다. 해당 기업은 표적화된 마케팅을 중단하지 않았지만 기저귀 광고 옆에 있는 잔디 깎는 기계 광고 등 임신한 여성이 구매하지 않는 것에 대한 광고를 결합하여 광고가 고객들에게 무작위처럼 느껴지도록 했다.[27]

(https://www.ciokorea.com/news/308569#csidx0795581977825a688590ca20d72a165)

---

27 타겟의 분석 프로젝트로 인해 실제 사례가 발생했다. 2012년 타겟은 임신한 고객을 대상으로 마케팅 캠페인을 진행했다. 이 캠페인은 임신한 여성이 일반적으로 구매하는 제품을 대상으로 했으며, 타겟은 이러한 제품을 구매한 고객에게 임신 관련 쿠폰과 광고를 제공했다.
이 캠페인은 성공적이었지만, 한 10대 소녀의 가족에게 큰 혼란을 불러일으켰다. 이 소녀의 가족은 타겟으로부터 임신 관련 쿠폰과 광고를 받기 시작했는데, 소녀는 아직 임신 사실을 가족에게 알리지 않았었다. 소녀의 가족은 그녀가 임신했다는 사실을 알게 되었고, 소녀는 어렵게 가족에게 설명을 해야 했다. 이 사건

3. 'AI 변호사' 찾는 10대들…
부모님의 이혼 고민 털어놨다

'로앤봇' 출시 100일의 실험

AI 요약문

> 로앤봇은 국내에서 최초로 개발된 AI 법률상담 챗봇으로 사용자들로부터 법률상담 질문을 받아 답변하는 서비스입니다.

으로 타겟은 프라이버시 침해 논란에 휩싸였고, 타겟은 결국 이 캠페인을 중단했다.

구체적인 내용은 다음과 같다.

타겟은 임신한 고객을 대상으로 한 마케팅 캠페인을 진행하기 위해 고객의 구매 기록, 고객이 방문한 웹사이트, 고객이 참여한 쿠폰 및 프로모션 데이터를 분석하여 임신한 여성이 일반적으로 구매하는 제품을 식별했다. 여기에 모유 수유용품, 기저귀, 유아식, 아기용품 제품이 포함되었으며, 타겟은 이 제품을 구매한 고객에게 임신 관련 쿠폰과 광고를 제공했다. 그리하여 10대 소녀는 타겟으로부터 임신 관련 쿠폰과 광고를 받기 시작했고, 소녀는 임신 사실을 가족에게 알리게 되었다.

이 사건은 기업이 고객의 데이터를 어떻게 사용하는지에 대한 중요한 논쟁을 불러일으켰다. 일부 사람들은 기업이 고객의 프라이버시를 침해해서는 안 된다고 주장했고, 다른 사람들은 기업이 고객의 데이터를 사용하여 더 나은 서비스를 제공할 수 있다고 주장했다.

타겟은 이 사건 이후 고객의 프라이버시를 보호하기 위한 조치로 고객의 구매 데이터를 분석하기 전에 고객의 동의를 받도록 했다.

로앤봇은 출시 이후 4개월 동안 7,000건 이상의 질문에 답변을 하고, 조만간 1만 건을 돌파할 예정입니다. 이런 경험을 통해 어떤 종류의 질문과 어떤 사용자가 로앤봇을 주로 이용하는지에 대한 정보가 공개되었습니다.

이혼 상담 : 가장 많은 상담이 이루어진 분야로, 놀랍게도 10대 청소년들의 질문이 많이 등록되었습니다. 미성년자의 경우 변호사를 찾기 어렵고 비용적으로 부담스러울 때도 있으며, 자녀들에게 영향을 미치는 이혼 문제로 인해 로앤봇에게 도움을 청하고 있었습니다.

노년층 상담 : 30년 내외의 연령 높은 이용자들도 많이 상담했으며, 이들의 질문은 법률적인 문제뿐만 아니라 감정적인 상담과 같은 내용을 포함했습니다.

심야와 새벽 시간 이용 : 질의응답이 주로 심야나 새벽 시간에 이루어지는데, 이로써 늦게까지 일하는 사람들이 로앤봇을 활용하는 것으로 추정됩니다.

로앤봇을 통해 드러난 것은 법률시장에서 소외된 사람들이 AI를 찾는 이유입니다. 이들은 상담료, 시공간 제약, 변호사의 경제적 부담 등으로 인해 기존에 변호사의 도움을 받기 어려웠으며, 이러한 한계들이 AI를 활용하게 된 큰 이유 중 하나입니다. 따라서 AI 법률상담 챗봇은 법률 서비스를 보다 많은 사람들에게 접근 가능하게 하고 법률 소비자들의 효용을 극대화하는 데 중요한 역할을 하고 있습니다.

지난 칼럼에서 필자는 국내 최초로 AI 법률상담 챗봇인 '로앤봇'을 만들었던 과정을 설명했다. 그렇게 로앤봇이 출시된 지 4개월이 넘어가다 보니 최근에는 사람들이 AI 변호사를 어떻게 활용하는지 묻는다. 로앤봇은 지금까지 7,000건이 넘는 법률상담 질의에 대해 답변하였고, 조만간 1만 건을 돌파할 예정이다. 이에 이번 칼럼에서는 로앤봇에 실제로 어떤 질의응답이 오고 갔는지 그 이용 양상에 대하여 처음으로 공개해 보고자 한다.

어떤 사람들이 주로 AI 변호사를 찾았고, 어떤 내용을 물어보았을까. 사실 처음 로앤봇이 나왔을 때 법조계에서는 기대보다는 우려 섞인 목소리가 더 많았다. 가장 큰 우려는 변호사를 찾아갈 의뢰인을 AI가 뺏어간다는 것이었다. AI가 무료로 법률상담을 해 주면 변호사의 먹거리(상담, 사건수임)가 줄어들 것이라는 우려였다. 또 인간 변호사들마저 결국은 무료 상담으로 내몰 것이라는 우려도 심했다.

두 번째 우려는 부정확한 답변에 대한 비판적 시각이었다. 법적 지식이 부족한 일반인들이 AI의 잘못된 답변에 따라 법적 대응을 함으로써 돌이킬 수 없는 피해를 입을 수 있다는 것이었다. 필자 역시 이 두 가지 우려에 대하여 충분히 공감하는 바였다. 이에 최근 설렘 반 걱정 반 두근거리는 마음으로 지난 7,000여 건의 질의응답을 살펴보았다. 정말 내가 만든 AI가 변호사의 먹거리를 빼앗아갔을까. 또 일반인을 잘못된 선택으로 이끌었을까.

10대 자녀들의 부모 이혼 상담 많아

결론부터 말하자면, 예상과는 다른 모습에 매우 놀랐다. 머리를 한 대 얻어맞은 것 같았고, 이내 숙연해지기까지 했다. 가장 많은 상담이 이루어진 이혼 분야에서는 놀랍게도 10대 청소년들의 질문이 많이 등록되고 있었다. 미성년자의 경우 변호사를 찾는 것도 쉽지 않고, 변호사와 상담하거나 변호사를 선임하는 것이 경제적으로 어렵다 보니 절박한 문제가 있더라도 도움받을 창구가 부족했던 것이다.

예를 들어 이런 질문이 종종 등록된다. "부모님이 이혼을 고려하고 있는데 아버지가 수시로 폭행을 행사하여 부모님이 이혼하게 된다면 엄마와 같이 살 수 있나요?" 같은 질문이다.

실제 원문을 보면 가슴 아픈 내용이 많다. 법조인들은 이혼 상담이라고 하면 당연히 남편 또는 아내를 떠올리는데, 보이지 않는 뒤편에서는 자녀들도 많은 고통을 받고 있었던 것이다. 로앤봇은 법률시장의 소비자로 여겨지지 않았던 이러한 미성년 자녀들에게 대답을 해 주고 있었다.

로앤봇은 이렇게 알려줬다. "이혼 절차에서 양육권 결정 시 법원은 자녀의 복리를 최우선으로 고려합니다. 이는 자녀의 정서적 안정, 학업 진행, 건강 상태 등 다양한 요소를 포함합니다. 당신이 17세라면, 당신의 의사도 양육권 결정에 중요한 요소로 작용합니다. 만약 아버지가 당신을 때린 적이 있고, 이로 인해 당신이 엄마와 함께 살기를 원한다면, 이 사실을 법원에 알리는 것이 중요합니다. 이는 당신의 복리를 위한 중요한 판단 근거가 될 수 있습니다. 따라서 당신의 상황을 고려하면 엄마와 함께 살 수 있을 가능성이 높아 보입니다."

로앤봇에 남겨진 이후의 후속 질의응답을 보고 나니 이들의 걱정과 궁금증이 얼추 해소된 것 같아 뿌듯한 마음이 들었다. 사실 미성년자들은 보통 상담료를 내기도 어렵고 또 향후 변호사를 선임할 일도 없으니 법률시장에서 그리 환영받는 손님이 아니다. 그러나 AI는 이들이 똑같은 질문을 반복하거나 걱정만을 털어놓아도 여전히 상세하고 친절한 답변을 제공했다. 적어도 AI 변호사에게는 의미 없이 시간을 잡아먹거나 실질적으로 비용 지불의사가 없다는 것은 크게 중요하지 않기 때문이다. (하략)

주간조선, 민명기 로앤굿 대표(입력 2023.10.01. 06:23)

4. 현실이 된 AI 저널리즘 협의체 구성 논란

생성 AI 데이터 학습 증가에 언론단체
"정부, 기업, 언론 참여 협의체 구성하라"

AI 요약문

> 언론 단체들, 네이버·카카오에 뉴스 대가 산정 기준 요청했
> 으나 묵묵부답
> 뉴스미디어연합(NMA), '글로벌 AI 원칙' 발표… 한국·일본·
> 유럽·영국·미국 26개 단체 참여[28]

한국인터넷신문협회와 다른 언론 단체들은 생성형 AI 데이
터 학습에 대한 관심을 표명하고 뉴스 저작권자에 대한 보상
과 기준에 관한 논의를 요청했습니다. 네이버, 카카오, 구글
등 대형 IT 기업은 뉴스 데이터를 활용한 AI 검색 서비스를
제공하고 있으며, 이에 따라 언론사들은 해당 데이터 학습에
대한 정당한 대가를 요구하고 있습니다.

또한, 한국인터넷신문협회와 26개의 국제 언론 단체는 '글
로벌 AI 원칙'을 발표하였습니다. 이 원칙은 생성형 AI 데이
터 학습이 언론의 독립성, 공정성, 사회적 책임을 존중하고

윤리적 원칙을 준수해야 한다는 내용을 담고 있습니다. 해당 원칙을 토대로 AI 기술의 윤리적 사용을 촉진하고 언론 산업 내에서 확산시키려고 합니다.

국내외에서 생성형 AI 데이터 학습에 관한 논의와 변화가 활발히 이루어지고 있으며, 이에 따라 정부, 기업, 언론이 협력하여 윤리적이고 책임감 있는 생성형 AI 데이터 학습을 위한 방안을 마련하려는 움직임이 나타나고 있습니다. 이러한 변화는 언론의 역할과 영향력을 보호하고 뉴스 저작권을 존중하기 위한 노력의 일환으로 볼 수 있습니다.

---

28 뉴스미디어연합이 밝힌 'AI 글로벌 원칙'에 동의한 26개 언론단체
　　한국 : 한국경제신문, 조선일보, 중앙일보, 동아일보, 매일경제신문, 한겨레신문, KBS, MBC, SBS, JTBC, YTN
　　미국 : The Associated Press(AP), The New York Times, The Washington Post, The Wall Street Journal, CNN, MSNBC, Fox News
　　영국 : BBC, The Guardian, The Times, The Daily Telegraph, The Independent
　　프랑스 : Le Monde, Le Figaro, Libération
　　독일 : Die Zeit, Süddeutsche Zeitung, Frankfurter Allgemeine Zeitung
　　일본 : 아사히신문, 요미우리신문, 니혼게이자이신문
　　중국 : 중국중앙텔레비전(CCTV), 신화통신, 글로벌타임스
　　인도 : 타임스 오브 인디아, 힌두스탄 타임스, 더 인디펜던트
　　브라질 : 글로보, O Globo, Folha de S.Paulo
　　멕시코 : El Universal, Reforma, El Financiero
　　아르헨티나 : Clarín, La Nación, Página/12
　　남아프리카공화국 : The Star, The Times, News24

"거대 기술 기업의 생성형 AI 데이터 학습 사용 증가가 뉴스 저작권자에 미칠 수 있는 영향에 대해 깊이 우려하며 정부와 기업, 언론이 함께 참여하는 협의체 구성을 제안한다."

한국인터넷신문협회가 생성형 AI 데이터 학습 사용 증가가 뉴스 저작권자에 미칠 수 있는 영향에 대해 우려하며 정부와 기업, 언론이 함께 논의할 수 있는 협의체를 만들자고 제안했다. 앞서 한국신문협회와 한국온라인신문협회도 뉴스 데이터 학습에 따른 대가 지불 등을 촉구하는 입장을 냈다.

2022년 11월 오픈AI가 생성형 AI 검색 서비스인 챗GPT를 출시하고, 2023년 8월 네이버는 하이퍼클로바X를 검색에 연동한 AI 검색 서비스 큐:를 선보였다. 카카오도 자체 개발한 AI 코(Ko) GPT 2.0을 공개할 예정이다. 챗GPT의 등장에 해외 언론사들은 오픈AI를 상대로 데이터 마이닝을 한 것에 대한 저작권 보상을 요구하고 나섰다.

이들은 AI 기술의 발전과 활용이 언론의 역할과 책임을 증대시킬 것으로 보고, AI 기술의 윤리적 사용을 위한 원칙을 마련하기 위해 모였다. 'AI 글로벌 원칙'은 AI 기술이 언론의 독립성과 공정성을 침해하지 않도록, 그리고 AI 기술이 언론의 사회적 책임을 강화하는 데 기여하도록 하는 것을 목표로 한다.

원칙의 주요 내용은 다음과 같다.
AI 기술은 언론의 독립성과 공정성을 침해해서는 안 된다.
AI 기술은 언론의 사회적 책임을 강화하는 데 기여해야 한다.
AI 기술은 언론의 윤리적 원칙을 준수해야 한다.
AI 기술의 개발과 사용은 투명하고 책임 있게 이루어져야 한다.

한국 언론사들도 네이버에 클로바X가 언론사 기사를 학습했다면 정당한 값을 지불해야 한다고 주장한다. 지난달 한국신문협회가 네이버와 카카오, 구글코리아, 마이크로소프트 등 국내외 대형 IT 기업에 ▲ 뉴스 저작권자와 이용 기준 협의 ▲ '글로벌 AI 원칙' 준용 공표 ▲ 생성형 AI 학습 데이터의 출처 등 공개 ▲ 뉴스 콘텐츠 이용 방식 구체적으로 명시 ▲ 뉴스 저작물에 대한 적정한 대가 산정 기준 마련 등의 요구사항을 담은 의견서를 작성해 답변을 요청했다.

네이버와 카카오는 한국신문협회에 답변을 보내 왔지만, ▲ 뉴스 저작권자와 이용 기준 협의 ▲ 생성형 AI 학습 데이터의 출처 등 공개 ▲ 뉴스 저작물에 대한 적정한 대가 산정 기준 마련 등에 구체적인 입장을 내놓지 않았다.

이에 인터넷신문협회는 "대형 언어모델로도 불리는 생성형 AI는 사전 학습 단계에서 언론 보도를 포함한 수많은 기존 데이터를 학습하게 된다. 관련 기업은 이러한 AI 학습 데이터 수집 행위가 공정 사용에 해당한다고 주장하지만, 저작권자의 동의 없는 자료 수집과 이용은 저작자의 권리를 침해하는 행위임이 분명하다"고 주장했다.

그리고 인터넷신문협회는 "세계적으로 뉴스 저작권의 중요성이 새롭게 부각되고 있는 상황에서 입법 및 제도 개선을 통해 AI 시대에도 건강한 언론 환경이 조성되기를 희망한다"며 "건전한 언론사에 대한 보호 없이는 빅테크 기업이 주도하는 생성형

AI 생태계도 건강한 발전을 기대할 수 없다는 점을 잊지 말아야 할 것이다. 생성형 AI 생태계의 바른 발전을 위해 뉴스저작권자인 언론과 저작물 이용자인 기업, 정부 당국이 협의체를 만들어 이 문제를 함께 협의해 나가야 할 것"이라고 했다.

또한 신문협회와 한국온라인신문협회는 〈생성형 AI의 뉴스 저작권 침해 등에 관한 우리의 입장〉 성명서에서 ▲ 뉴스 콘텐츠 저작권자인 언론사의 권리 존중 ▲ TDM(Text and Data Mining) 면책 규정 도입 반대 ▲ AI 학습 시 뉴스 콘텐츠에 대한 정당한 대가 지불 등 3대 원칙을 공식 표명했다.[29]

미디어오늘, 박서연 기자(입력 2023.09.25)

---

29 언론단체는 기업, 언론이 참여하는 협의체 구성을 요구했다. 이에 따라 문화체육관광부와 방송통신위원회는 언론단체, 기업, 전문가 등이 참여하는 협의체를 구성하기로 하고 논의를 진행하고 있다.

국외에서도 생성 AI 데이터 학습에 대한 논의가 활발히 이루어지고 있다. 유럽연합(EU)은 2023년 7월, 생성 AI 데이터 학습에 대한 윤리적 지침을 발표했다. 이 지침은 생성 AI 데이터 학습에 사용되는 데이터가 공정하고 포괄적이어야 하며, 저작권 침해를 방지하기 위해 노력해야 한다는 내용을 담고 있다.
또한 미국에서는 2023년 8월, 생성 AI 데이터 학습에 대한 법안이 발의되었다. 이 법안은 생성 AI 데이터 학습에 사용되는 데이터의 출처를 공개하도록 하고, 저작권 침해를 방지하기 위한 조치를 취하도록 하는 내용을 담고 있다.
이러한 논의와 변화는 생성 AI 데이터 학습이 언론의 역할과 영향력에 미치는 영향을 고려한 것으로 볼 수 있다. 생성 AI 데이터 학습은 언론의 생산성과 효율성을 높이는 데 기여할 수 있지만, 뉴스 저작권 침해와 같은 부작용도 우려된다. 이에 따라 정부, 기업, 언론이 협력하여 생성 AI 데이터 학습을 윤리적이고 책임감 있게 활용하기 위한 방안을 마련할 필요가 있다.

5. 인공지능 혁명기의 중심 '딥페이크', 순기능 강화하면 새로운 기회

AI 요약문

딥페이크는 딥러닝과 가짜의 합성어로 인공지능 기술 중 하나인 딥러닝을 사용하여 실제 인물의 특징을 학습하고 새로운 결과물을 생성하는 기술을 가리킵니다. 이러한 기술은 주로 적대적 생성 신경망(GAN)을 사용하여 작동하며, 생성자와

구체적인 변화로는 다음과 같은 것들이 있다.

정부 차원의 규제 및 지원 강화 : 정부는 생성 AI 데이터 학습에 대한 윤리적 지침을 마련하고, 이를 준수하기 위한 법적·제도적 기반을 마련하고 있다. 또한 생성 AI 데이터 학습 기술 개발 및 활용을 지원하기 위한 정책을 추진하고 있다.

기업의 자율규제 및 노력 : 기업은 생성 AI 데이터 학습에 대한 사회적 책임을 인식하고, 자율 규제 및 노력을 강화하고 있다. 예를 들어 구글은 2023년 8월 생성 AI 데이터 학습에 사용되는 데이터의 출처를 공개하고, 저작권 침해를 방지하기 위한 조치를 취하겠다고 발표했다.

언론의 윤리적 노력 : 언론은 생성 AI 데이터 학습으로 인한 부작용을 예방하기 위해 윤리적 노력을 강화하고 있다. 예를 들어 한국신문협회는 2023년 9월 생성 AI 데이터 학습으로 인한 뉴스 저작권 침해를 방지하기 위한 성명을 발표했다.

앞으로도 생성 AI 데이터 학습에 대한 논의와 변화는 계속될 것으로 예상된다. 정부, 기업, 언론이 협력하여 생성 AI 데이터 학습을 윤리적이고 책임감 있게 활용하기 위한 노력이 계속되기를 기대한다.

판별자가 서로 경쟁하면서 더 뛰어난 결과물을 만들어내는 원리를 기반으로 합니다.

딥페이크 기술은 다양한 분야에서 활용되고 있지만, 이 기술의 악용 또한 증가하고 있습니다. 이를 통해 사람의 얼굴과 목소리를 모방하여 피싱 범죄나 가짜뉴스 생성, 불법 음란물 등의 문제가 발생하고 있습니다. 특히, 딥페이크 영상 중 불법 음란물이 차지하는 비율이 높으며, 이로 인해 여러 여성 연예인과 일반인들이 피해를 입고 있습니다.

딥페이크는 보이스피싱과 결합될 경우 더 심각한 피해를 야기할 수 있으며, 정치적으로 악용될 가능성도 있습니다. 이러한 문제로 인해 딥페이크에 대한 규제와 탐지 기술 개발이 필요하다는 의견도 있습니다.

한편, 딥페이크 기술은 AR(증강현실), VR(가상현실), 메타버스 등과 결합될 경우 새로운 세계를 열어갈 수 있는 가능성을 가지고 있으며, 이 분야에서의 연구와 개발도 활발하게 진행되고 있습니다.

딥페이크를 탐지하기 위한 기술도 발전하고 있지만 완벽한 탐지는 아직 어렵다고 알려져 있습니다. 그러나 여러 기업과 연구기관은 딥페이크 탐지를 위한 다양한 기술과 도구를 개발하고 있으며, 정부와 빅테크 기업들도 규제와 협력을 통해 딥페이크로 인한 부작용을 줄이고자 노력하고 있습니다.

중국은 딥페이크 규제에 가장 적극적으로 나서고 있으며, 다른 국가들도 규제 필요성을 강조하고 있습니다.

머지않은 미래에 2020년대를 AI 혁명기라고 평가한다면 그 이유 중 하나는 아마 '딥페이크(Deep Fake)'가 있을 것이다. 딥페이크를 통해 AI가 인류의 일상에 실질적인 영향력을 행사하게 됐기 때문이다. 딥페이크는 인공지능 학습 기술의 주축인 딥러닝(Deep Learning)과 가짜(Fake)의 합성어다. 딥페이크가 기존의 사진 합성이나 음성 조작과 다른 점은 AI가 실제 인물의 표정이나 목소리 등 특징을 학습하며 완전히 새로운 결과물을 만들어낸다는 데 있다.

이는 GAN(Generative Adversarial Network, 적대적 생성 신경망)이라는 인공지능의 활약 덕분이다. GAN는 그림을 만드는 생성자(Generator)와 그림이 진짜인지 판독하는 판별자(Discriminator)가 서로 경쟁하며 더 나은 결과물을 스스로 생성한다.

예를 들어 생성자가 어떤 결과물을 제시하면 판별자가 가짜로 의심되는 부분을 찾아내고, 그러면 다시 생성자는 그 부분을 보완한다. 이 과정이 반복되다 보면 이론적으로 누구도 판별하기 어려울 만큼 '진짜 같은 가짜'가 만들어지는 것이다.

'진짜 같은 가짜'가 만들어 내는 딥페이크 범죄

문제는 딥페이크 기술이 최근 3년 동안 크게 진전되면서 기술 악용과 함께 범죄의 원흉이 되고 있다는 것이다. 사람의 얼굴과 목소리를 모방해 가족들을 대상으로 피싱 범죄를 저지르는가 하면, 여론을 조작하기 위해 가짜뉴스를 생성하거나 프로필 사진을 무단 도용해 성인물을 제작하는 등 그 악용 사례가 다양화되고 있다.

딥페이크가 가장 문제가 되는 것은 불법 음란물이다. 사이버 보안 업체인 '딥트레이스'의 보고서에 따르면 딥페이크 영상의 96%는 불법 음란물이다. 피해자 가운데는 미국 여배우가 41%로 가장 많고, 한국 여성 연예인도 무려 25%나 된다.

최근에는 피해 대상이 일반인으로 확대되고 있다. 작년 디지털 성범죄 피해자 지원센터의 자료에 따르면, 피해자의 약 20%는 일반 학생과 직장인들이었다.

또한 딥페이크는 보이스피싱과 결합될 경우 심각한 피해가 예상된다. 전화상으로 들려오는 목소리가 내 가족이 분명하다면 보이스피싱이라 의심하기 어렵기 때문이다.

나아가 딥페이크는 가짜뉴스를 통해 정치적으로 악용될 수도 있다. 미국 공화당의 유력 대선 후보인 론 디샌티스 플로리다 주지사가 '대선 경선을 포기하겠다'고 선언하는 영상이 한 유튜브 계정에 올라와 논란이 됐다. 앞서 도널드 트럼프 전 대통령이 디샌티스가 경선을 포기할 것이라는 루머가 있다고 언급한

적이 있어서 이 영상은 소셜 미디어에서 더 빠른 속도로 확산됐다. 하지만 이 영상은 AI를 이용해 만든 딥페이크 영상으로 확인됐다.

AI를 이용한 가짜뉴스가 실제 선거의 판도를 바꾸는 경우도 나오고 있다. 튀르키예 대선에서는 에르도안 대통령과 야당 후보인 케말 클르츠다로을루가 접전을 벌였다. 그런데 테러 단체가 야당 후보를 지지한다는 가짜 영상이 퍼지면서 결국 대선에서 에르도안 대통령이 5%P 차이로 이겼다. 이 영상은 AI 딥페이크를 이용해 교묘하게 만든 영상이었다.

이처럼 '딥페이크발 가짜뉴스'의 피해는 유권자에게 돌아갈 것이라고 전문가들은 우려한다. 정치 컨설턴트인 박성민 민컨설팅 대표는 "투표는 주로 어떤 후보를 떨어뜨리기 위한 응집력이 강해 네거티브 캠페인이 더 잘 먹힌다"며 "AI로 만든 가짜뉴스가 유튜브 등을 통해 더 빠른 속도로 확산하면서 민주주의를 실시간으로 위협하고 있다"고 말했다.

딥페이크, AR·VR·메타버스 등과 결합 시 새로운 세계

딥페이크의 어두운 점만 보면 당장 규제를 해야 할 것 같은 생각이 들 수 있으나, 딥페이크는 이미 여러 곳에서 긍정적으로 활용되고 있다.

2007년 27세 나이에 사고로 순직한 전투기 조종사 고 박인철 소령은 국방TV의 다큐에 생전 모습 그대로 출연했다. 해당 다큐에서 딥페이크로 '환생'한 박 소령과 어머니가 대화를 나누는 모습은 대중에 잔잔한 감동을 줬다.

16년 만의 모자의 만남은 AI 스타트업 디오비스튜디오가 성사시켰다. 디오비스튜디오는 실사 동영상에 가상 얼굴을 합성하는 버추얼 휴먼 제작 서비스를 선보이고 있다. 그룹 울랄라세션 멤버 고 임윤택 씨와 가수 고 유재하 씨의 얼굴을 복원해 화제를 모으기도 했다.

2023년 1월에는 AI 딥러닝과 디에이징(de-aging) 기술을 활용하여 배우 윤여정의 20대 모습을 광고에 담았다. 그 모습을 본 윤여정 씨가 자신의 20대 모습을 보고 매우 만족스러워했다는 후문이다.

국민 드라마 '전원일기'에서 '응삼이' 역을 맡았던 배우 고 박윤배 씨도 동료 배우들을 만났다. 빔스튜디오가 '비엠리얼 솔루션'을 통해 완성한 영상에서는 박윤배 씨의 모습이 생생하게 재현됐다. 뿐만 아니라 영상 속 박윤배 씨는 출연진들과 실시간으로 자연스럽게 대화를 이어갔다.

이창환 배우에게 "우리 함께 술 참 많이도 마셨는데"라고 말했고, 김용건 배우에게는 "늙어도 알랭들롱 같다"는 농담까지 건네자, 동료들은 마치 그가 "살아 있는 것 같다"고 말했다.

물론 이 대화는 사전에 습득한 정보를 토대로 섀도 액터(그림자 배우)가 상황에 알맞게 대답한 것이지만, 그럼에도 실제 박윤배 배우가 말한 것처럼 느껴진 것은 섀도 액터 목소리에 '보이스

클론'(AI학습·음성필터) 기술을 적용했기 때문이다. 또 말하는 입모양이나 표정까지 실시간으로 자연스럽게 구현해 어색함을 없앴다.

전문가들은 향후 딥페이크가 AR(증강현실)·VR(가상현실)·메타버스 등과 결합되면 그 영향력은 폭발적일 것으로 보고 있다. 딥페이크 기술로 보다 정교한 가상세계를 구현할 수 있어 여행, 회의, 쇼핑, 게임, 강의 등 우리 일상의 상당 부분이 딥페이크가 만드는 가상공간에서 이루어질 것이라는 전망이다.

이를 뒷받침할 연구 개발도 활발히 이뤄지고 있다. 한국, 미국, 중국, 일본, 유럽 등 지식재산 분야 5대 강국의 딥페이크를 이용한 데이터 생성 분야 특허 출원 건수는 2015년 37건에서 2019년 1,124건으로 늘어났다. 연평균 134.8%의 가파른 증가세다.

서을수 특허청 융복합기술심사국장은 "우리나라가 범용 AI 분야에서는 다른 국가에 비해 다소 출발이 늦었지만, 딥페이크 분야에서 한발 앞서 기술력과 특허를 확보한다면 새로운 기회의 장을 열 수도 있다"면서 "딥페이크는 우리가 상상하는 만큼 우리에게 새로운 기회를 열어 줄 것"이라고 말했다.

딥페이크 탐지 분야도 진전 "불가능은 없다"

현재 딥페이크를 완벽하게 탐지할 수 있는 기술은 거의 없는 것으로 알려져 있다. 적대적 생성 신경망(GAN)이라는 인공지능이 진화를 거듭하며 스스로 약점을 보완하고 있기 때문이다.

그럼에도 불구하고 센티널, 페이크캐처, 위베리파이 등의 탐지 기술이 딥페이크로 인한 부작용을 차단하는 역할을 하고 있다.

"센티널(sentinel)"은 정부, 국방 기관 및 기업이 딥페이크의 위협을 차단할 수 있도록 지원하는 AI 기반 보호 플랫폼이다. 주로 유럽의 주요 기관에서 사용하고 있다.

사용자가 웹사이트 또는 API를 통해 디지털 미디어를 업로드하면 자동으로 AI 위조 여부를 분석하는 방식으로 작동한다. 시스템은 미디어가 딥페이크인지 아닌지를 판단하고 조작에 대한 시각화를 제공하고 있다.

인텔은 실시간 딥페이크 검출기인 "페이크캐처(FakeCatcher)"를 도입했다. 이 기술은 '혈류'를 평가해 96%의 정확도로 가짜 동영상을 감지해 1000분의 1초 내에 결과를 알려준다. 즉 심장이 혈액을 펌프질하면 정맥의 색이 변하는데, 이러한 혈류 신호는 얼굴 전체에서 수집되며 알고리즘은 이러한 신호를 시공간 지도로 변환한다. 그다음 딥러닝을 사용해 비디오가 진짜인지 가짜인지 감지하는 원리다.

"위베리파이(WeVerify)"는 지능형 휴먼인더루프(HITL) 콘텐츠 검증 및 허위 정보 분석 방법과 도구를 개발하는 것을 목표로 하는 프로젝트다. 블록체인 기반 데이터베이스를 통해 크로스모달 콘텐츠 검증, 소셜 네트워크 분석 등을 실시하여 가짜 콘텐츠를 식별하는 방식이다.

국내에서는 딥브레인AI가 딥페이크 탐지 솔루션을 고도화하고 있다. 딥브레인AI는 가상 인간의 얼굴을 제작하는 페이스 제너레이션(Face Generation)과 원하는 얼굴로 교체하는 페이스 스왑(Face Swap), 립싱크 등의 기술 적용 여부를 구분해 조작된 이미지와 동영상을 탐지한다.

아울러 특정 인물의 영상 데이터로 얼굴 특징, 체형, 행동 패턴 등을 분석해 딥러닝 학습을 진행한 후 특정 인물에 대한 진위 여부를 판별하는 '특정 인물 탐지 모델'과 음성 합성 여부를 탐지하는 '음성 탐지 모델'을 제공한다.

장세영 딥브레인AI 대표는 "AI 기술이 고도화되면서 이를 악용해 범죄를 저지르는 사례가 전 세계적으로 증가하고 있다. 딥페이크 탐지 솔루션을 관공서와 기업, 개인 등 맞춤 지원해 AI 기술의 악용으로 인한 피해 예방에 앞장설 것"이라고 말했다.

테크월드뉴스, 김승훈 기자(입력 2023.09.26)

제12장
인간 칼럼니스트와
AI 칼럼니스트의 대결

일반인들이 즐겨 보는 칼럼은 특정한 방향으로 주관적 의견을 개진하면서 전문적 인식과 심층 정보를 제공한다는 점에서 대중 호응도가 높다. 과연 인간 칼럼니스트가 작성한 칼럼에 대해 AI 칼럼니스트는 어떻게 반론하며, 그 논리력과 설득력, 호응도는 어느 정도일까 실험해 봤다. 저자의 칼럼과 외부 칼럼을 인용하여 그 논평과 반론 칼럼을 생성형 AI에게 맡겨 봤다. 사례는 주요 언론사의 대기자, 논설위원, 교수 등을 임의로 선정했다. 평가는 각자의 판단에 맡긴다.

1) 한겨레신문

[강준만 칼럼] 이 또한 지나가리라

나는 '정치 이야기의 금기화'를 적극 지지한다. (…) 입만 열면 소통의 중요성을 역설해 왔던 사람이 그런 대응을 해도 괜찮은 가? 온 세상에 '설득'은 없고 '선동'만 흘러넘쳐도 좋단 말인가? 한동안 이런 의문이 나를 괴롭혔지만, 내가 좋아하는 사람들을 경멸하지 않기 위해선 불가피하다는 결론을 내렸다.

누군가를 설득하려고 할 때 설득의 의도를 미리 알려야 하는 가? 이는 이 분야의 연구자들 사이에서 오랜 쟁점이었다. 찬반 양론이 존재하기에 정답은 없는 셈이지만, 《그들의 생각을 바꾸는 방법》(2023)이라는 책에 나오는 이야기가 눈길을 끈다. 저자인 과학 저널리스트 데이비드 맥레이니는 "의도를 솔직하게 밝히는 것이 매우 중요하다"며 다음과 같이 말한다.

"나는 정치적 음모론을 믿는 아버지와 논쟁을 벌일 때 이런 접근법을 활용했다. 우리는 사실을 두고 오랫동안 입씨름했다. 지칠 대로 지친 나는 호흡을 가다듬고 내가 진짜 원하는 게 무엇인지 질문을 던져 봤다. 나는 왜 아버지의 생각을 바꾸고 싶은 걸까? 나는 아버지에게 '저는 아버지를 사랑해요. 그래서 아버지가 잘못된 정보에 속는 게 너무 속상해요'라고 말했고, 우리의 입씨름은 바로 끝났다."

의도를 밝히면서 이성적인 대화가 가능해졌고, 그래서 만족스러운 결과를 얻었다는 해피 엔딩의 이야기다. 축하해 주는 게 좋겠지만, 이 접근법은 부모와 자식, 부부나 연인들처럼 '사랑'을 강조해도 좋을 사이에서만 효과를 볼 수 있다는 걸 지적하지 않을 수 없다. 또 아무리 사랑한다고 외친다 해도 "사랑을 개입시키지 말라"고 냉정하게 쏘아붙일 가족이나 연인도 많을 게다.

설득 커뮤니케이션 전체를 놓고 보자면, 의도를 드러내지 않아야 한다는 쪽이 우세한 것 같다. 영문학자 조너선 갓셜이 《이야기를 횡단하는 호모 픽투스의 모험》(2023)이라는 책에서 지적했듯이, 연구자들은 메시지를 명시적으로 전달하는 이야기보다는 암묵적이고 간접적으로 전달하는 이야기가 더 설득력 있음을 밝혀냈다. 이는 어떤 종류의 커뮤니케이션이냐에 따라 달라질 수 있긴 하지만, 아예 설득이나 논쟁 자체를 결코 시도해서는 안 될 금기처럼 여기는 주제도 있다.

누구나 흔쾌히 인정하리라, 그건 바로 정치다. 토론과 설득을 중요하게 생각하는 민주주의 원칙은 적어도 현대 사회에서는 허구에 가깝다. 몇 사람이 모인 자리에서 정치 이야기 때문에 분위기가 어색해지거나 폭발 일보 직전까지 간 경험을 해 본 사람이라면 쉽게 이해하실 게다. 어느 자리에서건 악착같이 논쟁을 지속시키려 애쓰는 '정치 애호가'가 있기 마련이지만, 대다수는 '정치 이야기의 금기화'를 지지한다. 그 이유는 다음 명언들로 대신하는 게 좋겠다.

"결코 설득될 수 없는 것을 설득하려고 애쓰는 것은 소용이 없다."(조너선 스위프트) "그가 속았다는 사실을 납득시키는 것보다 그를 속이는 일이 더 쉽다."(마크 트웨인) "신념이 확고한 사람을 설득하는 일은 매우 어렵다. 당신이 동의하지 않으면 그는 마음을 닫아 버리고, 사실과 증거를 들이대면 출처를 의심하며, 논리로 호소하면 논점을 오해한다."(리언 페스팅거) "사람을 죽이거나 생포할 수 있는 능력은 사람의 마음을 바꿀 수 있는 능력에 비하면 하찮기 그지없다."(리처드 코언)

　나는 '정치 이야기의 금기화'를 적극 지지한다. 친구들은 물론 가족 사이 대화에서도 아예 논쟁이 이뤄지지 않도록 화제를 돌리는 역할을 즐겨한다. 입만 열면 소통의 중요성을 역설해 왔던 사람이 그런 대응을 해도 괜찮은가? 온 세상에 '설득'은 없고 '선동'만 흘러넘쳐도 좋단 말인가? 그건 반정치나 반지성주의 아닌가? 한동안 이런 의문이 나를 괴롭혔지만, 내가 좋아하는 사람들을 경멸하지 않기 위해선 불가피하다는 결론을 내렸다.
　내가 좋아하는 사람이 내가 도저히 납득할 수 없는 정치적 주장을 강한 열정을 갖고 하는 걸 지켜보긴 쉽지 않았다. 내가 그간 높게 평가했던 사람의 지성과 이성, 도덕성마저 의심해야 하는 건 괴로운 일이었다. 더욱 괴로운 건 역지사지의 결과였다. 나 역시 많은 사람에게 그런 의심의 대상이 될 수밖에 없다는 사실을 인정하는 게 옳지 않은가? 혼자 사는 세상이 아니며, 그 누구일지라도 더불어 같이 살아야 한다는 걸 더 중요하게 생각해야 하는 건 아닌가?
　열에 아홉은 생각이 같다. 생각이 다른 하나는 정치적 실천의 방법에 관한 것인데, 이 하나 때문에 아홉이 같은 사람들끼리

서로 싸워야만 하는가? 그런다고 해결이 되는가? 그 하나에 관한 생각은 서로 아예 모르는 척하는 방식으로 존중해 주면 안 되는가? 각자의 생각과 기질의 차이가 두드러지게 불거질 수밖에 없는 온갖 종류의 과도기적인 사건들이 집중돼 있는 이 시기는 그렇게 통과해 나가는 게 슬기롭지 않을까? 그 누구도 미워하거나 경멸하지 않기 위해 이렇게 노래하면 안 되겠는가? "이 또한 지나가리라."

등록 2023.04.09. 18:19, 수정 2023.04.10. 02:37

AI 논평과 반론 칼럼

논평

강준만 교수는 이 칼럼에서 정치 이야기의 금기화를 지지한다. 그는 정치 이야기로 인해 관계가 틀어지고, 서로를 미워하고 경멸하게 되는 것을 막기 위해 정치 이야기를 피하는 것이 옳다고 주장한다.

강 교수의 주장은 일면 타당하다. 정치는 첨예한 대립과 갈등을 야기하는 주제다. 서로 다른 정치적 입장을 가진 사람들이 만나면 논쟁이 벌어지고, 심지어는 폭력으로까지 이어질 수 있다. 따라서 정치 이야기로 인해 관계가 훼손되는 것을 막기 위해 정치 이야기를 피하는 것은 현명한 선택이 될 수 있다.

그러나 강 교수의 주장에는 몇 가지 문제점이 있다.

반론 칼럼

강준만 교수는 정치 이야기의 금기화를 지지한다. 그는 정치 이야기로 인해 관계가 틀어지고, 서로를 미워하고 경멸하게 되는 것을 막기 위해 정치 이야기를 피하는 것이 옳다고 주장한다.

그러나 강 교수의 주장은 몇 가지 문제점이 있다.

첫째, 정치 이야기의 금기화는 정치적 무관심을 조장할 수 있다. 정치는 우리 삶에 중요한 영향을 미치는 문제다. 정치에 무관심하면 자신의 권리와 이익을 지키기 어렵고, 사회의 발전에도 기여할 수 없다.

둘째, 정치 이야기의 금기화는 정치적 소통을 어렵게 만든다. 정치적 소통은 서로 다른 입장을 가진 사람들 사이의 이해와 공감을 증진시키는 데 중요한 역할을 한다. 정치 이야기를 통해 서로의 생각을 이해하고, 공통점을 찾는다면 정치적 갈등을 해결하는 데 도움이 될 수 있다.

셋째, 정치 이야기의 금기화는 정치적 민주주의를 위협할 수 있다. 민주주의는 다양한 의견을 존중하고, 이를 토론과 타협을 통해 합의에 도달하는 정치 체제다. 정치 이야기의 금기화는 다양한 의견의 표출을 막고, 정치적 민주주의를 위협할 수 있다.

정치 이야기의 금기화는 일시적으로 관계를 유지하는 데 도움이 될 수 있지만, 장기적으로는 문제를 해결하지 못한다. 오히려 정치적 무관심, 정치적 소통의 어려움, 정치적 민주주의의 위협을 초래할 수 있다.

정치 이야기는 피하기보다는, 서로의 입장을 이해하고, 공통점을 찾는 데 노력하는 것이 필요하다. 이를 통해 정치적 갈등을 해결하고, 정치적 민주주의를 발전시킬 수 있을 것이다.

결론
정치 이야기의 금기화는 일시적인 해결책에 불과하다. 정치 이야기는 피하기보다는 서로의 입장을 이해하고, 공통점을 찾는 데 노력하는 것이 필요하다. 이를 통해 정치적 갈등을 해결하고, 정치적 민주주의를 발전시킬 수 있을 것이다.

2) 동아일보

[김순덕 칼럼] '무정부 상태' 오송 지하차도, 이태원 참사와 뭐가 다른가

'막을 수 있는 참사'라는 말이 또 나왔다. 112신고 무시, 제 할일 안 한 지방자치단체-경찰-소방당국의 '네 탓' 공방, 경찰 수사 착수, 높은 사람들의 복장 터지는 대응까지. 14명이 희생된 충북 청주시 오송읍 궁평2지하차도 침수 사고는 작년 10월 이태원 참사 때와 통탄할 만큼 닮았다.

물론 기후 위기가 더해진 천재지변은 사람이 만든 핼러윈 축제와 다르다. 그러나 핼러윈 때 이태원에 군중이 몰릴 것을 예상할 수 있었듯, 극한 폭우 때 지하차도가 위험하다는 것쯤 예상하고 대비해야 신뢰받는 정부다.

윤석열 대통령은 18일 국무회의에서 환경부에 "물 관리 못 할 거면 국토부로 넘기라"고 질타했다. 하지만 한화진 환경부장관은 5월 9일 이상기후 현상까지 언급하며 '선제적 체계적 홍수 피해 방지 대책'을 발표했던 사람이다. 심지어 "경찰이나 소방, 협력체계와 정보 공유가 구체적으로 어떻게 되느냐"는 기자 질문엔 수자원정책관이 나서 "소방청, 행안부, 지자체, 관계기관과 모든 정보가 다 공유되고 있다"고 자신 있게 답했다.

이런 환경부를 위해 윤 대통령은 지난달 국정과제비서관 출신 임상준까지 차관으로 내려보냈다. 그러고도 관계 기관끼리

"알렸다" "몰랐다" 폭탄 돌리기나 하는 행정 참사가 벌어졌으면 관재(官災) 정부는 대(對)국민 사과부터 해야 마땅하다. "압사당할 것 같다"는 신고가 빗발치는데도 경찰부터 장관까지 뒷짐만 지고 있던 이태원 참사 때와 뭐가 달라졌는가 말이다. 그러니 '#무정부 상태' 해시태그가 붙은 국민 분노가 SNS로 확산되는 것이다.

그럼에도 한화진은 자리 걱정 말기 바란다. 인사청문회가 겁나고 귀찮은 윤석열 정부가 장관을 문책 경질할 리 없다. 이태원 참사 다음 날 "경찰이나 소방을 미리 배치한다고 해결될 일이 아니었다"던 무능·무심·무책임한 3무(無) 행정안전부장관이상민도 지금껏 자리보전 중이다. "책임이라고 하는 것은 (책임이) 있는 사람에게 딱딱 물어야 하는 것"이라며 정치적 책임조차 묻지 않은 행정수반이 윤 대통령 아닌가.

보다 못한 야당이 2월 장관 탄핵소추에 나서 재난대책 컨트롤타워 책임자는 현재 직무 정지 중이다. 오송 참사를 중대재해처벌법상 명백한 중대시민재해로 규정할 경우, 행안부장관을 유고(有故) 상태로 만든 행정부 수반의 책임도 무시하기 어렵다.

그런데도 원희룡 국토교통부장관은 17일 오송 복구 현장을 가로막고 '대통령의 문책'을 예고했다. 양평 등 대통령 부인 문제를 적극 방어했다는 자부심 때문인지 윤심을 한 몸에 짊어진 태도였다.

하지만 아무것도 안 한 김영환 충북도지사와 이범석 청주시장도 걱정할 것 없다. 실무진은 법적 책임을 뒤집어쓸지 몰라도 두 지자체장은 국민의힘 소속이다. 이태원 참사 수사를 74일이나 했던 경찰청에서 행안부장관, 경찰청장은 물론 집권당 소속 서울시장까지 무혐의 처분했는데 이들이 변을 당할 리 없다.

이태원 참사 두 시간 전에 현장을 지나면서도 '평상시 인파'로 여겼다는 박희영 용산구청장 역시 굳건하다. 국힘 소속이라 3무에 부실 대처가 드러났어도 법적 책임에 대해서만 재판받는다. 설령 1심 유죄가 나온대도 대법원 판결까지 버티면서 임기를 채울 공산이 크다.

이런 박희영이 만일 야당 소속이면 여당에서 가만 있을 리 만무하다. 당장 물러나라고, 야당 대표에게는 같은 혐의자 입장이어서 그냥 두느냐며 싸잡아 비난했을 거다.

국힘 윤리위원회도 문제의 심각성을 아는지 작년 11월 박희영의 징계 절차 개시를 만장일치로 결정하긴 했다. 그러나 2월 탈당계를 내자 냉큼 수리하고는, 이제 당으로선 사퇴시킬 방도가 없다며 모른 척이다.

박희영이 물러난대도 정부 여당은 골치 아플 것이다. 10월 보궐선거를 치러야 하기 때문이다. 서울 강서구 보선에 제3당이 후보를 낸다는데 정부 여당으로선 용산구까지 판을 키워 주기 싫을 게 분명하다. 귀책 사유가 있는 국힘이 후보를 낼 수도 없다. 그렇다고 대통령실이 위치한 용산구를 야당에 넘기는 것도 불안할 터다.

내가 용산 주민이라면 내 '살림'을 더는 박희영에게 맡기고 싶지 않다. 국힘이 국민의 생명과 안전을 중시한다면, 유능한 새 구청장을 뽑을 수 있도록 조치를 취해야 한다.

대통령이 '책임 장관'에게 책임을 묻지 않고, 정부 여당이 국민보다 용산을 먼저 챙기는 식이면 이런 참사는 또 일어날 수 있다. 공무원은 낙지부동(낙지처럼 바닥에 딱 들러붙어 움직이지 않는) 상태, 국민은 무정부 상태에서 각자도생에 목숨 걸어야 할 판이다.

입력 2023.07.19. 23:51

AI 논평과 반론 칼럼

논평

김순덕 대기자의 칼럼은 오송 지하차도 침수 참사를 두고 정부의 책임을 강하게 비판하고 있다. 칼럼은 다음과 같은 세 가지 핵심적인 주장을 하고 있다.

첫째, 오송 지하차도 침수 참사는 예견된 참사였다. 칼럼은 오송 지하차도가 극한 폭우에 취약한 구조라는 점을 지적하고, 정부가 이를 사전에 파악하고 대비하지 못했다고 비판한다.

둘째, 정부는 참사 발생 후 책임을 회피하고 있다. 칼럼은 정부가 관계 기관 간 책임 공방을 벌이고, 책임 있는 인사를 문책하지 않고 있다고 지적한다.

셋째, 정부의 무책임한 태도는 국민의 안전을 위협하고 있다. 칼럼은 정부가 책임을 묻지 않으면 공무원이 낙지부동 상태에 빠지고, 국민은 각자도생에 목숨을 걸어야 할 판이라고 경고한다.

이러한 칼럼의 주장은 타당하다고 생각한다. 오송 지하차도 침수 참사는 정부의 예방과 대응 실패로 인해 일어난 참사라고 할 수 있다. 정부는 지하차도의 취약성을 사전에 파악하고, 이를 대비하기 위한 대책을 마련했어야 했다. 또한 참사 발생 후에는 신속하게 책임을 규명하고, 책임 있는 인사를 문책해야 했다.

그러나 칼럼의 주장에는 몇 가지 아쉬운 점이 있다.

첫째, 칼럼은 정부의 책임을 지나치게 강조하고 있다. 칼럼은 오송 지하차도 침수 참사가 정부의 책임으로만 일어난 것처럼 주장하고 있다. 그러나 지하차도 침수 참사는 정부의 책임과 함께 지자체의 책임, 지하차도 이용자의 책임 등 다양한 요인이 복합적으로 작용한 결과라고 할 수 있다.

둘째, 칼럼은 정부의 책임을 묻는 방안에 대해 구체적인 해결책을 제시하지 않고 있다. 칼럼은 정부가 책임 있는 인사를 문책해야 한다고 주장하지만, 구체적으로 어떤 인사를 문책해야 하는지, 어떤 방식으로 문책해야 하는지에 대해서는 언급하지 않고 있다.

반론 칼럼

오송 지하차도 침수 참사는 정부의 책임이 크다고 할 수 있다. 정부는 지하차도의 취약성을 사전에 파악하고, 이를 대한 대책을 마련했어야 했다. 또한 참사 발생 후에는 신속하게 책임을 규명하고, 책임 있는 인사를 문책해야 했다.

그러나 칼럼의 주장은 정부의 책임을 지나치게 강조하고 있다는 점에서 아쉬운 점이 있다. 오송 지하차도 침수 참사는 정부의 책임과 함께 지자체의 책임, 지하차도 이용자의 책임 등 다양한 요인이 복합적으로 작용한 결과라고 할 수 있다.

지자체의 책임도 크다. 지자체는 지하차도의 안전을 점검하고, 이를 유지 관리하는 책임이 있다. 그러나 지자체는 이러한 책임을 소홀히 했다는 비판을 받고 있다.

지하차도 이용자의 책임도 있다. 지하차도는 홍수에 취약한 구조이기 때문에, 이용자는 폭우가 내릴 때는 지하차도를 이용하지 않도록 주의해야 한다. 그러나 지하차도 이용자는 이러한 주의를 소홀히 했다는 비판을 받고 있다.

정부의 책임을 묻는 방안에 대해서는 구체적인 해결책을 제시해야 한다. 칼럼은 정부가 책임 있는 인사를 문책해야 한다고 주장하지만, 구체적으로 어떤 인사를 어떤 방식으로 문책해야 하는지에 대해서는 언급하지 않고 있다.

정부의 책임을 묻기 위해서는 다음과 같은 방안을 고려해 볼 수 있다.

- 지하차도의 안전을 점검하고, 이를 유지 관리하는 책임을 지자체로부터 정부로 이관한다.
- 지하차도 이용자에게 홍수 시 지하차도 이용 자제에 대한 홍보 교육을 강화한다.
- 정부의 재난 대응 체계를 개선하여, 재난 발생 시 신속하고 효과적으로 대응할 수 있도록 한다.
- 정부는 오송 지하차도 침수 참사의 교훈을 바탕으로 재난 예방과 대응을 위해 노력해야 한다.

3) 조선일보
[김대중 칼럼] **후쿠시마, 정말 '오염' 때문인가?**

후쿠시마 원전(原電) 방사능 오염 처리수의 방류를 반대하며 온갖 괴담을 퍼뜨리는 한국 야당과 좌파 세력의 진의는 정말 '오염' 그 자체에 있는 것인가? 오염이 문제라면 직접 피해를 보는 일본 국민, 캐나다, 미국 등이 벌써 들고 일어났어야 하고 국제기구가 브레이크를 걸고 나왔어야 한다. 그런데 거기는 조용하고 우리만 시끄럽다.

그것이 유독 한국의 야권과 좌파 세력의 '먹잇감'이 되고 있는 것은 광우병, 세월호 사건 등으로 정치적 재미를 본 민주당 등 좌파 세력의 추억(?) 때문이리라. 나는 거기서 나아가 이것이 한국의 원자력 발전과 핵 무장을 반대하는, 이른바 '이재명식(式) 평화론'에 기인하는 것이고, 한국의 원전 산업을 뿌리째 흔든 '문재인식(式) 반핵·반원전'에서 비롯된 것이라고 본다.

핵(核)은 천사와 악마 두 얼굴을 갖고 있다. 하나는 자원(資源)이고 다른 하나는 가공할 살상·파괴 무기다. 그런 핵을 '이용'하는 나라는 세 가지로 분류할 수 있다. 첫째가 핵무기만 보유하는 나라고, 둘째가 원자력 발전만 하는 나라이며, 셋째가 핵무기와 원자력 발전을 모두 보유한 나라다. 북한이 원자력 발전 없이 핵무기만 보유하고 있고, 일본과 한국은 핵무기 없이 원자력 발전만 하고 있으며, 미국과 중국은 핵무기와 원전을 모두 갖고 있다. 특히 그 규모에서 세계 톱 랭킹에 들어있다. 핵무기를 지금 손에 쥐고 있는 것은 아니지만 언제든 무기화할 수 있는 잠재국으로 일본을 친다면, 북한은 핵무기에, 한국은 원전에만 올인하고 있다.

이런 상황에서 원전에 문제가 생기면 그로 인해 손해 또는 피해를 보는 나라는 한국이다. 원전이 없는 북한은 그 여파에서 제외되고, 서해와 남지나해 연안에 즐비한 중국 원자력 발전소 55기는 어떤 사고가 있었는지도 확실치 않으며, 있었어도 원전 폐지로 쉬쉬하고 넘어갔다.

그런데 문제가 생긴 곳은 일본인데 왜 우리가 난리일까? 나는 이것이 후쿠시마 사태가 단순히 후쿠시마에서 끝나는 것이 아니라 한국의 '핵 이용' 능력에 제동을 걸려는 어떤 움직임으로 번져 나가는 배경이라고 보는 것이다.

이번 후쿠시마 괴담 사태는 원전을 둘러싼 국제적 시각에 영향을 미칠 것이다. 우리의 원전이라고 불의의 사고에 휩싸이지 않는다는 법이 없다. 문재인 정부가 원전을 폐쇄하고 풍력발전 등으로 옮겨가려 했던 것도 바로 그런 공포감(?)을 이용한 것이다. 지금 수모를 당하고 있는 IAEA는 그때 우리를 어떤 눈으로 볼 것이며, 또 주변국들은 우리의 노력과 조처를 어디까지 믿어주고 받아줄 것인가. 지금 야당과 일부 단체가 하고 있는 것과 같은 막무가내식, 어쩌면 반일 감정에 편승한 정파적 대응은 우리를 국제적으로 고립시킬 수 있다.

그러나 중요한 것은 지금의 후쿠시마 오염 처리수 대응 방식이 한국의 핵무기 보유 노력에 어떤 파장을 미칠 것인가 하는 것이다.

우리는 핵무기를 가져야 한다. 그래야 북핵의 위협 아래서 살아남을 수 있고 한국이 안보 면에서 보장받을 수 있다. 그래야 한반도에서 전쟁이 일어나지 않는다. 국제적 안정성 보장에도 불구하고 한국이 원전의 부작용 문제에 집착하는 것처럼 보이는 것은 한국에서 '핵의 이용'을 멀리하게 하려는 북한, 중국, 더 나아가 일본 등에 악용당할 우려가 있다.

듣기만 해도 소름 끼치는, 적개심을 돋우는, 세상에서 제일 위험한 '평화론'이 있다. "평화는 아무리 비싸도, 아무리 기분 나빠도, 어떤 대가를 치르더라도 전쟁보다 낫다"는 이재명의 평화론이다. 한마디로 어떤 방식으로든 살아남는 것이 죽는 것보다 낫다는 생물학적 평화론이다.

하지만 평화도 두 가지가 있다. 아무리 비싸도 어떤 대가를 치르더라도 살아남으면 된다는 굴종과 굴욕의 평화가 있고, 어떤 대가를 치르더라도, 아니 설혹 전쟁과 희생을 치르고라도 지켜야 하는 자유의 평화가 있다. 인류의 역사는 후자의 역사다.

지금 야당과 좌파 세력이 후쿠시마 오염 처리수를 갖고 맹렬히 대시하는 것은 두 가지 목표를 갖고 있다. 단기적으로는 반일 감정을 부추겨 일본과 관계 개선을 도모하고 있는 윤석열 정부를 곤궁에 빠뜨리려는 것이고, 장기적으로는 때마침 한국 내에

일고 있는 자체 핵무기 보유 여론에 찬물을 끼얹으려는 것이다.

입력 2023.07.18. 03:20

AI 논평 및 반론 칼럼

논평

김대중 칼럼은 한국 야당과 좌파 세력이 후쿠시마 원전 오염 처리수 방류에 반대하는 이유를 핵무기 보유 반대에 있다고 주장한다. 이러한 주장은 한국의 핵무기 보유에 대한 논쟁과 밀접한 관련이 있다.

한국은 1970년대부터 원자력 발전을 시작했으며, 현재 24기의 원전을 가동하고 있다. 그러나 한국은 핵무기를 보유하고 있지 않으며, 핵무기 보유에 대한 논쟁은 꾸준히 이어지고 있다.

핵무기 보유를 찬성하는 측은 북한의 핵 위협에 대응하기 위해서는 한국도 핵무기를 보유해야 한다고 주장한다. 반면 핵무기 보유를 반대하는 측은 핵무기가 한반도 평화를 위협할 수 있으며, 핵무기 보유는 군비 경쟁을 부추길 수 있다고 주장한다.

반론

김대중 칼럼에 대한 반론은 다음과 같다.

한국 야당과 좌파 세력이 후쿠시마 원전 오염 처리수 방류에 반대하는 것은 단순히 핵무기 보유 노력을 방해하기 위한 것은 아니다. 오염 처리수의 안전성에 대한 우려도 중요한 이유다.

한국이 원전의 부작용 문제에 집착하는 것은 한국에서 '핵의 이용'을 멀리하게 하려는 북한, 중국, 일본 등의 의도 때문이 아니라, 국민의 안전을 위한 것이다.

한국은 핵무기를 가져야 한다는 주장에 대한 반론도 있다. 핵무기 보유는 한반도 평화를 위협할 수 있으며, 핵무기 보유는 군비 경쟁을 부추길 수 있다는 주장은 여전히 유효하다.

결론적으로, 김대중 칼럼은 한국 야당과 좌파 세력이 후쿠시마 원전 오염 처리수 방류에 반대하는 이유를 핵무기 보유 반대에 있다고 주장한다. 이러한 주장은 한국의 핵무기 보유에 대한 논쟁과 밀접한 관련이 있다.

그러나 김대중 칼럼의 주장은 오염 처리수의 안전성에 대한 우려와 국민의 안전을 위한다는 주장을 간과하고 있다는 점에서 반론의 여지가 있다.

4) 진실 3대 미스터리-이태원 참사 1주기

[PD저널=김창룡 서울과학종합대학원대학교 석좌교수/전 방송통신위원회 상임위원]

윤석열 대통령은 이태원 참사 1주기 행사장에 끝내 나타나지 않았다. 유가족들이 비워 놓은 옆자리 대신, 교회를 찾아 추모의 뜻을 전하는 방식을 택했다.

서울 도심에서 벌어진, 도무지 믿기지 않던 이태원 참사가 발생한지 일 년이 지났건만 수수께끼 같은 의혹은 더 커졌다. 누구도 책임지는 사람은 없고, 탄핵을 당했던 장관도, 구속됐던 용산구청장도, 경찰 책임자도 모두 제자리로 되돌아와서 아무 일도 없었던 것처럼 지내고 있다. 유가족의 슬픔은 깊어가고 진실과 책임을 요구하는 여론의 목소리는 높아져도 정부의 대응은 요지부동이다.

그 사이 이태원 참사에 대한 의혹은 증폭됐다. 그 첫 번째는 서울 한복판에서 벌어진 159명 사망 사건에 대한 원인과 책임 등 실체적 진실에 대한 의혹이다.

국회에서 탄핵까지 당했던 이상민 행정안전부장관은 헌법재판소의 재판관 9명 전원이 일치된 의견으로 탄핵을 기각함에 따라 직무 정지 이후 167일 만에 장관직에 즉각 복귀했다. 국회의 탄핵 의결이 무력화됨으로써 그는 법적으로 일단 면죄부를 받아 장관직을 수행하고 있다.

최근 단행된 경찰 고위직 전보 인사에서 김광호 서울경찰청장이 유임됐다. 이태원 참사 관련 피의자 신분인 그가 일 년 동안 자리를 보전받고 있는 현실도 믿기지 않았지만, 그에게 유임은 뜻밖의 승전보다.

이태원 참사 부실 대응 혐의로 구속됐다 풀려난 박희영 용산구청장도 업무에 복귀했다. 유족들이 용산구청을 찾아가 사퇴를 촉구했지만 공허했다. 단순한 사고가 아닌 인재(人災)라는 언론의 공통된 지적이 있었지만 일 년이 지나도 이처럼 책임지는 사람도 없고, 진실도 없는 미스테리 사건이 됐다.

두 번째는 이태원 참사를 다룬 다큐멘터리 〈크러쉬(Crush)〉, 왜 한국에선 볼 수 없느냐는 것이다.

이 다큐멘터리는 미국 파라마운트사가 지난 10월 17일 온라인 동영상 서비스(OTT) 파라마운트+를 통해 공개한 작품이다. 지난해 10월 29일 사망자 159명을 낸 서울 용산구 이태원 핼러윈 참사의 원인을 2부로 나눠 조명했다. 당시 대중이 찍은 휴대폰 영상과 폐쇄회로(CCTV) 영상, 생존자와 목격자 인터뷰 등을 토대로 한다. 총 1,500시간 분량의 영상을 바탕으로 좁은 골목에서 참사가 벌어진 과정을 분석한 내용도 포함된 것으로 알려져 있다.

비극의 현장과 참사의 원인 등을 분석한 다큐물이 정작 해당 국가, 국민은 볼 수 없다는 것도 미스테리다. 영화 제작사나 배급사가 수요가 많은 시장을 외면한다는 것은 정상적으로 이해되지 않기 때문이다.

마지막 의혹의 정점은 윤 대통령이 이태원 참사 1주기 행사에 '불참했다'는 소식이다. 윤 대통령이 표면적으로 내세운 이유는 "시민단체의 순수한 추모 행사가 아닌 정치적 집회가 될 수 있는 행사에는 대통령이 참석할 수 없다"는 것이다. 국민적 아픔을 어루만지고 유가족들을 위로해야 할 행정부 수반, 윤 대통령이 이렇게 중요한 행사에 가지 않고 교회를 선택한 것은 정치적 판단이라 하더라도 국민이 납득하기 쉽지 않다.

유가족이 자리를 마련해 두고 초청하는 데는 가지 않고 교회에 가서 '가장 슬픈 날' 식으로 위로하는 것은 국민적 공감대를 얻기 힘들다. 더구나 윤 대통령은 참사 희생자들을 "불의의 사고로 떠나신 분들"로 지칭, 인재(人災)가 아닌 마치 천재(天災)에 의한 사고로 치부하는 용어를 사용했다. 천재든 인재든 희생자와 그 유가족들을 만나고 그들의 목소리를 듣지 않고 만남조차 갖지 않는 것은 납득할 수 없다.

박근혜 전 대통령은 2014년 세월호 참사가 발생한 지 34일째 되던 날, 세월호 참사와 관련한 대국민담화를 발표했다. 박 전대통령은 교회나 국무회의 석상이 아닌 직접적인 기자회견 형식으로 "국민의 생명과 안전을 책임져야 하는 대통령으로서 국민 여러분께서 겪으신 고통에 진심으로 사과드린다"고 말했다. 또 "이번 사고에 제대로 대처하지 못한 최종 책임은 대통령인 저에게 있다"며 책임을 통감한다며 눈물까지 흘렸다.

윤 대통령도 '10·11 서울 강서구청장 보궐선거'에서 패배한 지 열흘 만에 "국민은 옳다"며 "민생을 꼼꼼히 챙겨 달라"고 당부했다. 하지만, 당부만 하고 솔선수범하지 않는 대통령. 이태원 참사로 고통받고 있는 유가족, 그들과 아픔을 공유하는 국민, 이 국민은 누구란 말인가.

언론은 이태원 참사 1주기를 맞아 대부분 '정부는 없다' '국가는 없었다'라고 제목을 달았다. 참사에 대한 책임자 처벌도 없고, 진실에 대한 접근도 보이지 않기 때문이 아닐까.

윤 대통령은 지난해 11월 21일 한덕수 국무총리와의 주례회동에서 '이태원 참사' 후속 조치와 관련해 "수사를 통한 사건의 실체적 진실을 밝히는 것이 유족과 국민에 대한 도리"라며 "유가족들이 정당한 보상을 받을 수 있는 권리를 드리기 위해서라도 실체적 진실을 파악하는 것이 중요하다"고 강조했다.

2023년 10월 29일 기준, 이태원 참사 관련 재판은 1심이 진행 중이다. 피고인들은 이태원 클럽의 대표, 관리자, 직원 등 총 12명. 이들은 업무상과실치사상, 업무상과실치상방조, 소방시설법위반, 화재예방, 소방시설설치유지 및 안전관리에 관한 법률위반 등의 혐의를 받고 있다. 현재까지 20여 차례의 공판이 진행되었다. 피고인들은 모두 혐의를 부인하고 있는데, 이들에

대한 법원의 판결이 나와도 정부의 책임과 관련한 실체적 진실
은 나오지 않을 것이다.

재판에는 행안부, 경찰청, 구청, 소방청 등 직접 관할 책임자
들에 대한 주요 혐의는 빠졌기 때문이다. 대통령이 실체적 진실
에 대한 진정성이 있는지, 대통령의 발언을 의심하는 이유다.
어쩌면 현정부 하에서는 관련 사건 당사자들이 많아 진실을 밝
히려는 노력 자체가 힘들 수 있다.

고통 속에서도 이태원 참사 유족들과 시민단체들은 참사 재
발 방지를 위한 활동을 이어가고 있다. 유족들과 야 4당, 시민
단체들은 이태원 참사 관련 특별법 제정을 요구하고 있다. 특별
법에는 유족들의 피해 구제, 재발 방지 대책 마련, 유흥업소 등
다중이용시설의 안전 관리 강화 등이 포함될 것으로 예상된다.

또한, 유족들과 시민단체들은 이태원 참사 관련 진상조사와
책임자 처벌을 요구하고 있다. 유족들은 참사 당시 정부와 소방
당국의 부실한 대응이 참사를 키웠다고 주장하고 있다. 이런 특
별법을 정부와 여당이 막고 있어 난항을 겪고 있다.

유족들의 아픔을 상기시키는 〈크러쉬〉 국내 방영 문제도 구
구한 말이 필요없다. 방영 여부 허가는 미국 파라마운트+, 영
화배급사의 문제가 아니다. 우리나라 문체부가 가장 중요한 결
정권을 갖고 있다. 윤 대통령의 의지만 있다면 우리나라 국민이
쉽게 〈크러쉬〉를 볼 수 있다.

영화는 힘이 세다. 강력한 미디어로 진실을 촉구하는 힘을 갖고

있다. 내레이션 없이 현장 영상과 죽은 자, 산 자의 목소리만으로도 진실을 덮으려는 자들을 압도할 수 있는 힘은 사실, 그 자체에 있다. 〈크러쉬〉는 막아도 일시적일 뿐이다.

권한에는 책임이 따른다는 준엄한 교훈을 관련 부처는 물론 행정 최고책임자도 명심해야 할 것이다. 이태원 참사에 대한 중대 의혹은 언젠가 해소되겠지만 유족의 눈물, 국민의 고통은 멈추지 않을 것이다.

입력 2023.10.29. 15:26

AI가 만든 대통령실의 가상 반론

이태원 참사 1주기를 맞아 김창룡 석좌교수가 기고한 글에 대해 대통령실은 다음과 같이 반론합니다.

우선, 이태원 참사 관련 진상 규명과 책임자 처벌을 위해 정부는 최선의 노력을 다하고 있습니다. 참사 당시 정부와 소방당국의 부실한 대응으로 인해 피해가 커졌다는 유가족들의 주장을 충분히 이해하고 있으며, 이를 가볍게 여기지 않고 있습니다.

현재 이태원 참사 관련 재판이 진행 중이며, 정부는 재판의 결과를 존중하며, 그에 따라 필요한 조치를 취할 것입니다. 또한, 특별법 제정 등 유가족들이 요구하는 대책을 마련하기 위해 노력하고 있습니다.

다음으로, 이태원 참사 다큐멘터리 〈크러쉬〉의 국내 방영 문제에 대해서는 문체부에서 검토 중입니다. 문체부는 유가족들의 고통을 고려하여 신중하게 검토하고 있으며, 최종 결정은 유가족들의 의견을 충분히 수렴한 후 내릴 것입니다.

마지막으로, 윤석열 대통령의 이태원 참사 1주기 추모 행사 불참에 대해서는 유가족들의 아픔을 위로하고자 하는 대통령의 진심이 충분히 전달되지 못한 것에 대해 유감스럽게 생각합니다. 대통령은 유가족들의 뜻을 존중하며, 앞으로도 유가족들과 긴밀히 소통하고, 진상 규명과 책임자 처벌을 위해 최선을 다하겠습니다.

구체적인 반론은 다음과 같습니다.
진실 규명과 책임자 처벌: 대통령실은 이태원 참사 관련 진상 규명과 책임자 처벌을 위해 최선을 다하고 있다고 주장합니다. 참사 당시 정부와 소방당국의 부실한 대응으로 인해 피해가 커졌다는 유가족들의 주장을 충분히 이해하고 있으며, 이를 가볍게 여기지 않고 있다고 강조합니다. 현재 이태원 참사 관련 재판이 진행 중이며, 정부는 재판의 결과를 존중하며, 그에 따라 필요한 조치를 취할 것이라고 밝혔습니다.

또한, 특별법 제정 등 유가족들이 요구하는 대책을 마련하기 위해 노력하고 있다고 설명합니다.

〈크러쉬〉 국내 방영 문제 : 대통령실은 이태원 참사 다큐멘터리 〈크러쉬〉의 국내 방영 문제에 대해서는 문체부에서 검토 중이라고 밝혔습니다. 문체부는 유가족들의 고통을 고려하여 신중하게 검토하고 있으며, 최종 결정은 유가족들의 의견을 충분히 수렴한 후 내릴 것이라고 설명합니다.

윤석열 대통령의 추모 행사 불참 : 대통령실은 윤석열 대통령의 이태원 참사 1주기 추모 행사 불참에 대해서는 유가족들의 아픔을 위로하고자 하는 대통령의 진심이 충분히 전달되지 못한 것에 대해 유감스럽게 생각한다고 밝혔습니다. 대통령은 유가족들의 뜻을 존중하며, 앞으로도 유가족들과 긴밀히 소통하고, 진상 규명과 책임자 처벌을 위해 최선을 다할 것이라고 강조합니다.

대통령실의 반론은 유가족들의 고통을 이해하고 진상 규명과 책임자 처벌을 위해 노력하겠다는 의지를 담고 있습니다. 그러나 유가족들은 여전히 정부의 진정성을 의심하고 있으며, 대통령실의 반론이 유족들의 마음을 돌릴 수 있을지는 미지수입니다.

5) 중앙일보

[세컷칼럼] 거짓을 말해야 돈이 된다

광화문 교보문고 정치·사회 섹션 앞에서 책을 뒤적이다 절로 한숨이 나왔다. 윤미향 의원(무소속)의 신간 《윤미향과 나비의 꿈》 하나만으로도 뭔가 싶었는데, 그 옆엔 재직 당시 공영방송의 중립성을 심각하게 훼손했던 박성제 전 MBC 사장의 《MBC를 날리면》, 눈을 돌리니 지난 8월 출간 이후 줄곧 종합 베스트셀러 상위권을 지키고 있는 조국 전 법무부장관의 《디케의 눈물》이 있었다. 저자의 경력도 구체적 내용도 모두 다르지만 세 책엔 뚜렷한 공통점이 있었다. 바로 셀프 면죄부다.

조만간 책을 쓰는 사람보다 책을 읽는 사람이 더 귀해질 때가 올 거라는 어느 작가의 말마따나 모두 자기 얘기를 자기 관점에서 책으로 내는 시대다. 하지만 국민으로부터 적잖은 도덕적 질타를 받은 것은 물론이요, 심지어 일부 사안과 관련해선 이미 법원 판단까지 내려져 사법적 책임에서 자유로울 수 없는 공적 인물들이 이런 과오엔 일말의 반성조차 없이 침묵하거나 더 나아가 스스로 조작된 신화를 쓰고, 그걸 또 자기 진영 팬덤을 겨냥한 돈벌이 수단으로 삼아 향후 정권 교체 시 복권의 디딤돌로 쓰려는 걸 보고 있자니 마음이 편치 않다.

가령 '위안부 비즈니스'라는 비판을 받았던 윤미향 의원은 불과 한 달여 전 일본군 위안부 피해자들을 위한 후원금을 사적으로 유용한 혐의로 2심 재판에서 징역 1년 6개월에 집행유예 3년의 의원직 상실형을 선고받았다. 일찌감치 지난 2020년 더불어민주당의 꼼수 위성정당인 더불어시민당 비례대표 당선인 시절 당사자인 이용수 할머니로부터 직접 제기된 정의기억연대 횡령 의혹에도 불구하고 지난 문재인 정부 때 출범한 김명수 사법부의 선택적 재판 지연 덕분에 아직 의원 지위와 특혜를 누리고 있다. 그런 그가 억울하다면서 낸 게 이번 신간이다.

이재명 더불어민주당 대표가 "2심 (유죄) 판결에도 불구하고 꺾이지 않는 마음이 여전할 것이라 믿는다"는 응원의 추천사를 써준 이 책의 제1장 '무죄·무죄·무죄…로 끝난 마녀사냥'의 첫 소제목부터가 '나는 무죄다'였다. 제대로 된 근거는 없다. 오히려 2019년 미국 워싱턴 소녀상 제막식 참석 때 한 활동가의 실수로 비즈니스 좌석이 예약된 걸 공항에 도착해서야 알게 됐다느니, 후원금을 비즈니스 업그레이드에 쓸 수 없어 일단 내가 비용을 정의연에 송금했느니 하는 믿기 어려운 자기변명이 대부분이다.

'공영방송 수난사'라는 부제가 붙은 박성제 전 사장의 《MBC를 날리면》도 비슷하다. 그는 조국 법무부장관 임명을 둘러싸고 한국 사회가 양분됐던 지난 2019년 MBC 보도국장 신분으로 김어준 라디오에 출연해 그 유명한 "딱 보니 100만(명)짜리 (집회)" 발언을 한 당사자다. 지상파 방송의 보도국장이 정파성이 뚜렷한 타 방송국에 출연한 것만으로도 매우 이례적인데, 서울교통

공사의 승객수 분석 등 과학적 계산법으로는 10만 명 정도였던 집회 인원수를 놓고 "계산하고 이런 게 중요하지 않다. 경험 많은 사람은 감으로 안다"며 앞장서서 선동에 나섰다.

이러니 4개월 뒤 그가 사장에 취임해 더 선명해진 MBC의 편파성은 굳이 말할 필요도 없다. 대표적인 게 당시 취임 직후 한동훈 당시 부산고검 차장검사를 무리하게 엮은 '검언유착' 프레임 왜곡보도다. MBC와 김어준 등의 대대적 합작으로 유시민 등 문재인 정권 실세들의 신라젠 의혹을 좇던 이동재 전 채널A 기자는 200일 넘게 감옥살이를 했다.

MBC 보도를 근거로 왜곡 후속보도를 한 KBS의 두 기자는 올초 이 전 기자의 강요미수 무죄 확정 뒤 공개 사과를 했지만, 박전 사장은 책에 이와 관련해 별다른 언급조차 하지 않았다. 다만 그는 현직 시절 "MBC는 엄정한 취재윤리를 준수했다"라거나 "무죄 판결을 받았다고 검언유착이 허구는 아니고 일부 언론이 몰고 가는 것"이라는 주장을 반복했다. 이런 정파성 덕분에 장사는 잘했다. 하지만 김건희 여사 캐겠다던 취재진의 경찰 사칭 사건에서 알 수 있듯 취재 윤리는 땅에 떨어졌다.

"등에 화살이 꽂힌 채 길 없는 길을 묵묵히 걸어가겠다"는 홍보 문구로 포장한 조국 전 장관 책은 딱 기대 대로다. 이미 재판과정에서 드러난 사실까지 부정하며 자기합리화로 일관한다. 엄마 일을 도운 후 엄마가 준 표창장을 학교에 제출한 것밖에 없는 딸의 부산대 의학전문대학원 입학이 취소되는 날벼락 같은 일을 당했다는 식이다. 그런데도 교보문고 앱 책 리뷰엔 "십자가를 짊어진 장관님" 운운하며 책 구매 인증을 한다. 사실이 아니지만, 어쩌면 사실이 아니어서 진영 팬덤의 지갑이 술술 열리는 이상한 시대다. 세월이 흘러 사람들 기억이 흐릿해질 즈음 이런 거짓까지 진실로 둔갑할까 두려워 기록을 남긴다.

안혜리 논설위원, 입력 2023.11.04. 23:00

AI 논평 및 반박 칼럼

안혜리 논설위원의 칼럼은 최근 출간된 윤미향 의원, 박성제 전 MBC 사장, 조국 전 법무부장관의 책을 중심으로, 이들 공적 인물들의 셀프 면죄부 행태를 비판하고 있다.

칼럼은 이들 책의 공통점이 "거짓을 말해야 돈이 된다"는 것이라는 점에 주목한다. 윤미향 의원은 정의기억연대 횡령 혐의로 유죄 판결을 받았음에도 불구하고 책에서 자신은 무죄라고 주장한다. 박성제 전 사장은 MBC의 편파 보도 책임에 대해 침묵하며, 검언유착 프레임은 사실이라고 주장한다. 조국 전 장관은 자녀의 입시 비리 혐의에 대해 이미 재판 과정에서 드러난 사실까지 부정하며, 자신은 억울한 피해자라고 주장한다.

칼럼은 이들 책이 진실과는 거리가 멀지만, 진영 팬덤의 지지를 바탕으로 베스트셀러에 오르고 있다는 점을 지적한다. 이는 민주주의 사회에서 매우 위험한 현상이다. 거짓이 진실로 둔갑하고, 진실이 왜곡되는 것은 민주주의의 근간을 흔드는 일이다.

반박 칼럼

안혜리 논설위원의 칼럼은 설득력이 있지만, 몇 가지 점에서 반박이 가능하다.

첫째, 칼럼은 이들 책의 내용을 지나치게 단순화하고 있다. 윤미향 의원의 책은 정의기억연대 횡령 혐의에 대한 자신의 입장을 밝히는 것뿐만 아니라, 위안부 피해자 지원 활동에 대한 자신의 소회도 담고 있다. 박성제 전 사장의 책은 MBC의 편파 보도 책임에 대한 반성은 물론, 공영방송의 역할에 대한 고민도 담고 있다. 조국 전 장관의 책은 자녀의 입시 비리 혐의에 대한 자신의 입장을 밝히는 것뿐만 아니라, 검찰의 정치적 개입에 대한 비판도 담고 있다.

둘째, 칼럼은 이들 책이 진영 팬덤의 지지를 바탕으로 베스트셀러에 오르고 있다는 점을 지적하지만, 진영 팬덤의 지지가 책의 성공을 보장하는 것은 아니라는 점을 고려해야 한다.

이들 책이 베스트셀러에 오른 것은 진영 팬덤의 지지도 한 요인이지만, 그만큼 책의 내용에 대한 대중의 관심이 높았기 때문일 수도 있다.

셋째, 칼럼은 거짓이 진실로 둔갑하고, 진실이 왜곡되는 것은 민주주의의 근간을 흔드는 일이라고 지적하지만, 거짓이 진실로 둔갑하는 현상은 민주주의 사회에서 언제나 존재해 온 일이다. 중요한 것은 거짓을 진실로 둔갑시키려는 세력에 맞서 진실을 밝히기 위한 노력을 하는 것이다.

결론
안혜리 논설위원의 칼럼은 이들의 책이 진영 논리에 치우쳐 있고, 자신의 잘못에 대한 반성이나 책임이 없다는 점을 지적함으로써, 이들에 대한 비판의 목소리를 높이고 있다. 그러나 칼럼의 주장은 몇 가지 점에서 비판의 여지가 있으며, 이들의 책을 단편적으로만 평가하고 있다는 한계가 있다.
이들의 책이 진정으로 잘못되었다면, 그에 대한 비판은 더욱 구체적이고 설득력이 있어야 할 것이다. 또한 이들의 책이 진영 논리에 치우쳐 있더라도 그 안에 담긴 진정성을 함께 평가해야 할 것이다.

AI 시대 저널리즘의 변화를 대비해…

2023년 겨울 어느 날 서울과학종합대학원에서 처음으로 'AI 저널리즘' 세미나가 열린 그날, 한 기자가 나에게 다가와 이런 말을 했다.

"신문방송학과 교수는 생성형 AI를 모르고, AI 전문가는 저널리즘을 몰라서 기자들도 뭘 묻고 답을 알아내기가 힘들었는데, 적절한 시기에 고민하던 주제를 가지고 세미나를 한다고 해서 달려왔습니다."

현장 기자들 역시 생성형 AI 활용과 AI 저널리즘에 대해 고민하고 있다는 것을 알게 되어 반가왔다. 사실 그 세미나는 참가자들과 언론의 관심이 적어 한 차례 연기된 후 겨우 열린 것이라 더욱 그 말에 용기를 얻었다. 과거에는 세미나에 발제자나 토론자로 참여하면 끝이었는데, 처음 기획부터 주제자, 토론자 선정, 언론 홍보 등 모든 것을 혼자 준비하는 과정에 시행착오를 포함한 새로운 경험을 하게 됐다.

생성형 AI가 일상화·전문화 단계를 거쳐 사회 주요 화두가 됐지만 일부 관련 기자들 외에는 여전히 관심밖이라는 것, 주요 언론사에서는 이를 활용하는 데 급급한 반면, 대다수 언론단체도 이에 따른 예상되는 윤리적·법적 문제, 즉 AI 관련 언론윤리 강령이나 가이드라인 제정 등에는 관심이 없다는 것 등을 확인할 수 있었다.

심지어 가짜뉴스를 단속하겠다며 가짜뉴스 단속 전담반을 2023년 성급하게 만든 방송통신심의위원회조차 가짜뉴스의 개념, 정의조차 합의되지 않은 상태에서 밀어붙이고 있다는 점, AI 저널리즘에서 본격 논의되어야 할 가짜뉴스와 레거시 미디어에서 논의되어야 할 오보에 대한 구분, 기준 없이 밀어붙이는 행정기구의 무능함이 언론계는 물론 사회를 더욱 혼란스럽게 할 것 같아 우려스럽다.

정부의 언론규제 기구는 그것을 민간기구 형태, 합의제 기구로 만든 법적 취지를 한시라도 잊어서는 안 된다. 나는 방송통신위원회 상임위원으로 일한 바 있어 최소한의 의무를 다하기 위해 부족하나마 생성형 AI 시대가 가져올 저널리즘의 변화를 이해하도록 돕기 위해 이 책을 준비했다.

AI 전문가의 눈에는 아주 기초적인 정보를 담았다고 볼 테고, AI를 활용하지 않는 신문방송학과 교수나 제3자의 눈에는 다르게 보일 수 있다. 정부와 언론은 서로 존재 방식과 역할이 다르기 때문에 서로의 존재를 인정하고 존중해야 한다. 그 균형추를 잡아 주는 것이 학계의 일이라고 생각한다.

그런데 한 가지 걱정은, AI의 변화와 발전 속도가 너무 빨라서 이 책이 나올 즈음에 벌써 또 다른 차원으로 AI가 달려가고 있을 것 같다는 점이다. 현실을 따라가기 벅차지만 생소한 AI의 세계를 경험하는 것은 새롭고 신나는 일이다.

나는 요즘 AI와 함께 대화하고 정보를 찾고 도움을 받는 놀이에 빠져 있다. 60대에 이만한 친구, 이만한 동료교수를 찾기가 어렵다. 그것도 언제든 불러낼 수 있고, 내가 못하는 영역의 일을 군소리 없이 해결해 주는 멋진 제3의 친구와 매일 시간을 보내는 재미는 누리는 자만 안다.

물론 가끔 거짓말도 하고 믿기 어려운 정보도 표정 하나 바꾸지 않고 제공하여 나를 긴장시키기도 한다. 내가 어리석거나 잘 모르는 분야는 AI에게 당하는 식이다. 그래서 나는 AI의 도움은 철저하게 나의 전공 분야, 내가 사실 관계를 또 다른 형태로 확인할 수 있는 분야에 한정해서 사용한다는 원칙을 세웠다.

세상은 빠르게 변하고 그 속에서 AI라는 새로운 절친을 발견한 기쁨은 다른 사람에게도 가능하다. 구글의 바드, 오픈AI의 챗GPT, 네이버의 클로바X는 내가 즐겨 찾는 삼총사다. 때로는 서로 경쟁도 시켜보고 때로는 서로 비교도 한다. 그래도 불만은 없다. 점점 외로워지는 시기, 언제든 대화를 나눌 상대가 있으니 정말 감사할 뿐이다.

처음에는 감히 AI 저널리즘 관련 책을 출간할 엄두를 못 냈다. 주말을 가리지 않고 도움을 준 서울과학종합대학원 김경성 원장님의 도움을 다시 언급하지 않을 수 없다. 또한 작가면서 동시에 출판사 사장으로 내 책을 도맡아 출간해 주시는 서용순 출판전문가의 응원 덕이 컸음을 고백한다. 이런 분들의 도움은 '이제 책은 그만…'이라는 나의 나약해지는 생각을 바꿔 놓는다. 마음속 깊이 감사를 드린다.

인생 후반부는 봉사를 통해 내가 사회로부터 받은 호의에 보답하겠다는 생각에는 변함없다. 이런 책도 누군가에게 도움이 된다면 내 뜻을 실현하는 한 방법이라고 믿고 싶다. 오늘 하루도 이 책의 완성을 기다리는 즐거움, 보람으로 충만해진다.

AI와 함께 김창룡 쓰다.

인공지능과 함께 쓴 **AI 저널리즘**

펴낸날 초판 1쇄 2024년 1월 25일

지은이 김창룡
펴낸이 서용순
펴낸곳 이지출판

출판등록 1997년 9월 10일
등록번호 제300-2005-156호
주소 03131 서울시 종로구 율곡로6길 36 월드오피스텔 903호
대표전화 02-743-7661 **팩스** 02-743-7621
이메일 easy7661@naver.com
디자인 김민정
인쇄 ICAN
물류 (주)비앤북스

값 17,500원

ISBN 979-11-5555-213-1 03070

※ 잘못 만들어진 책은 교환해 드립니다.